Målarbok för ba

FÄRGGLAD Höst

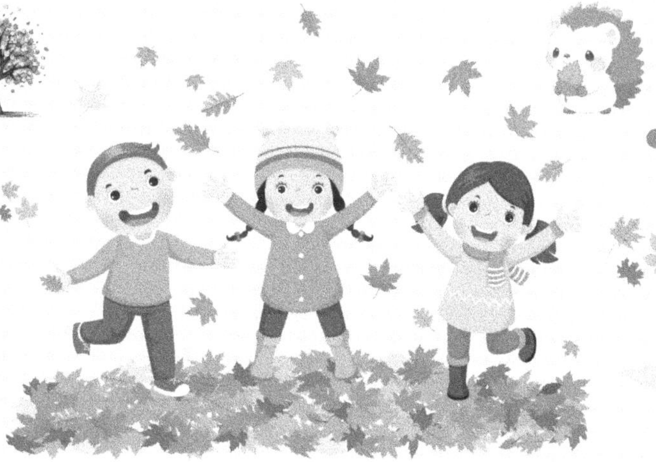

Kids and Nature Printing Press

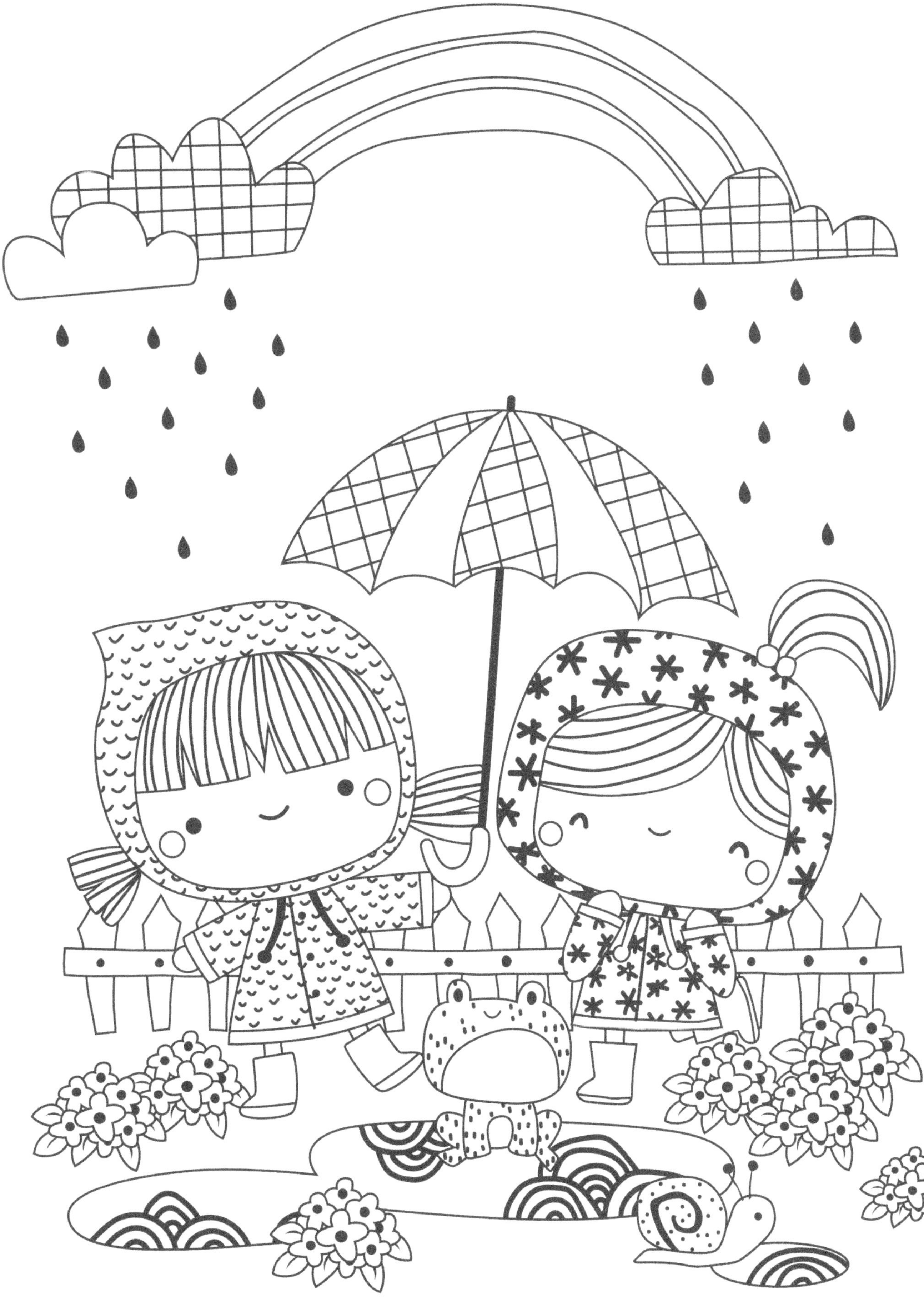

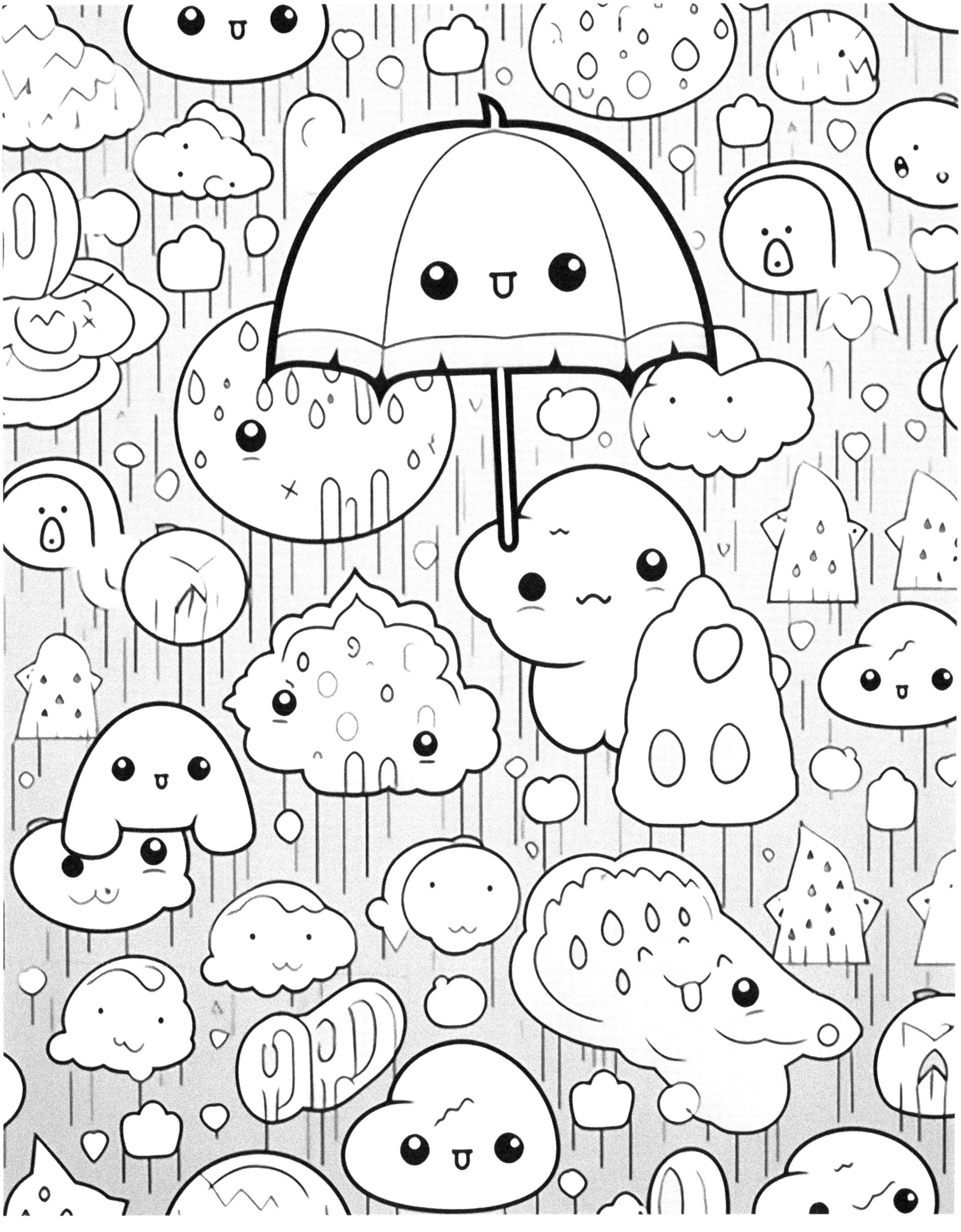

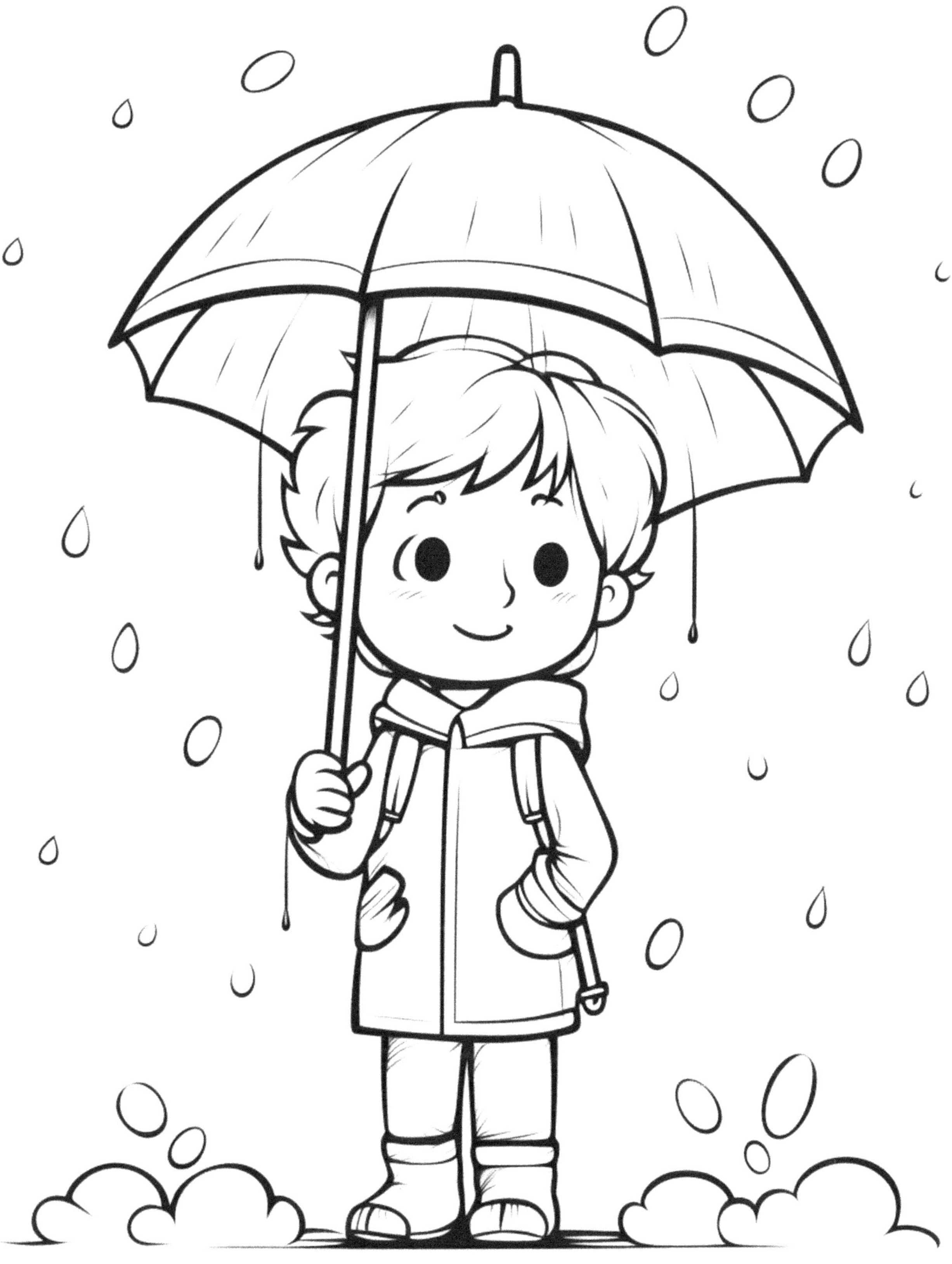

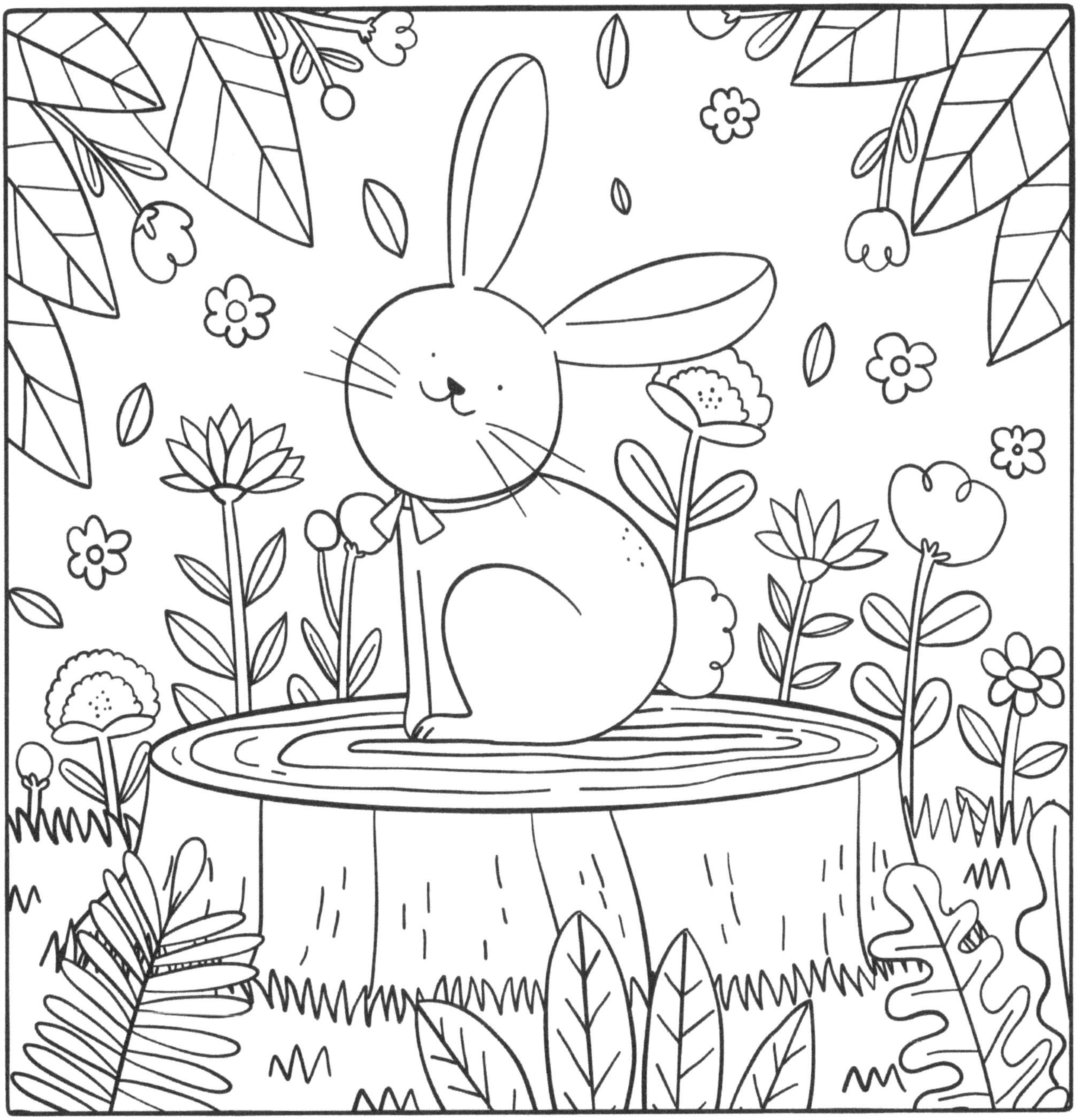

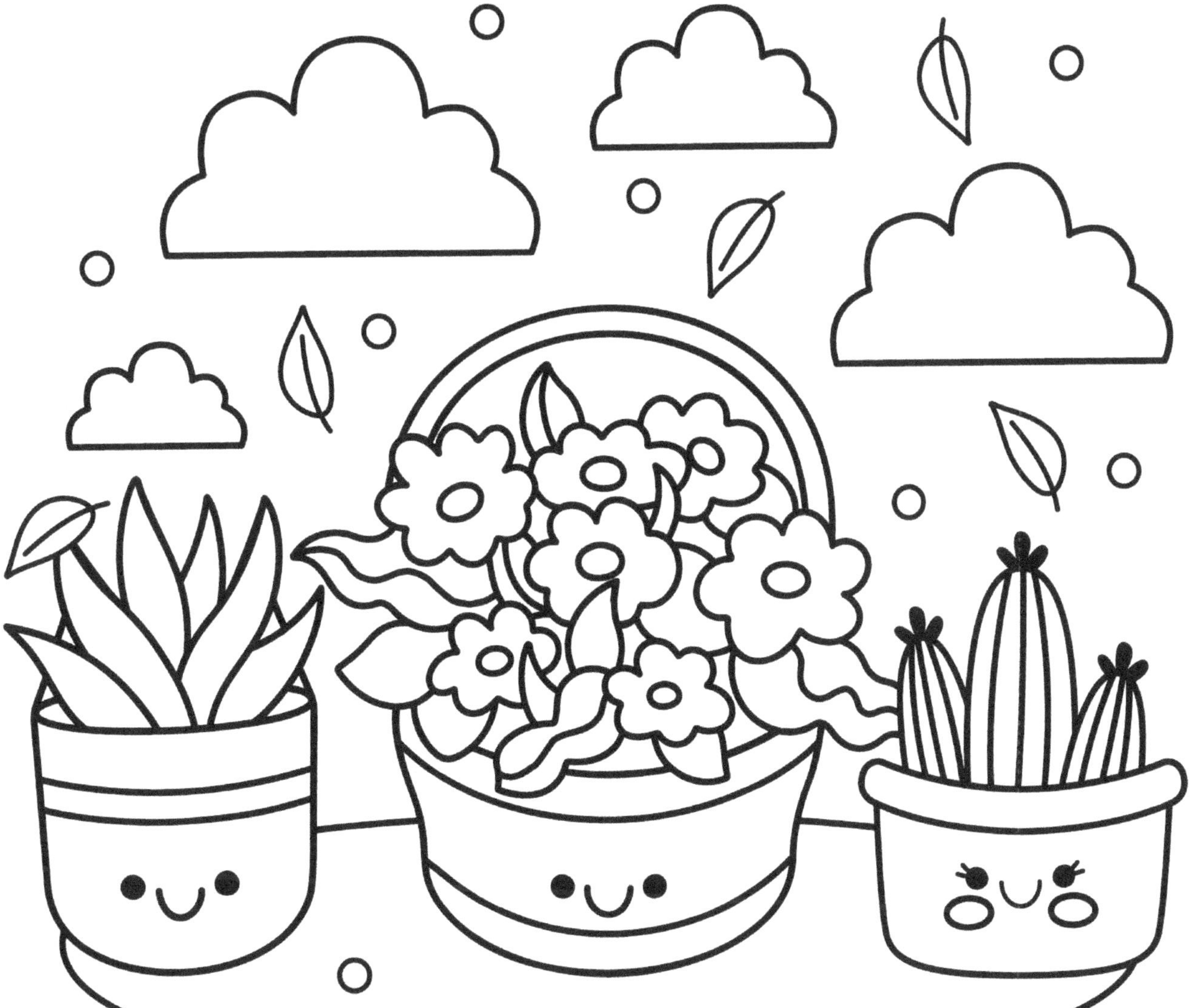

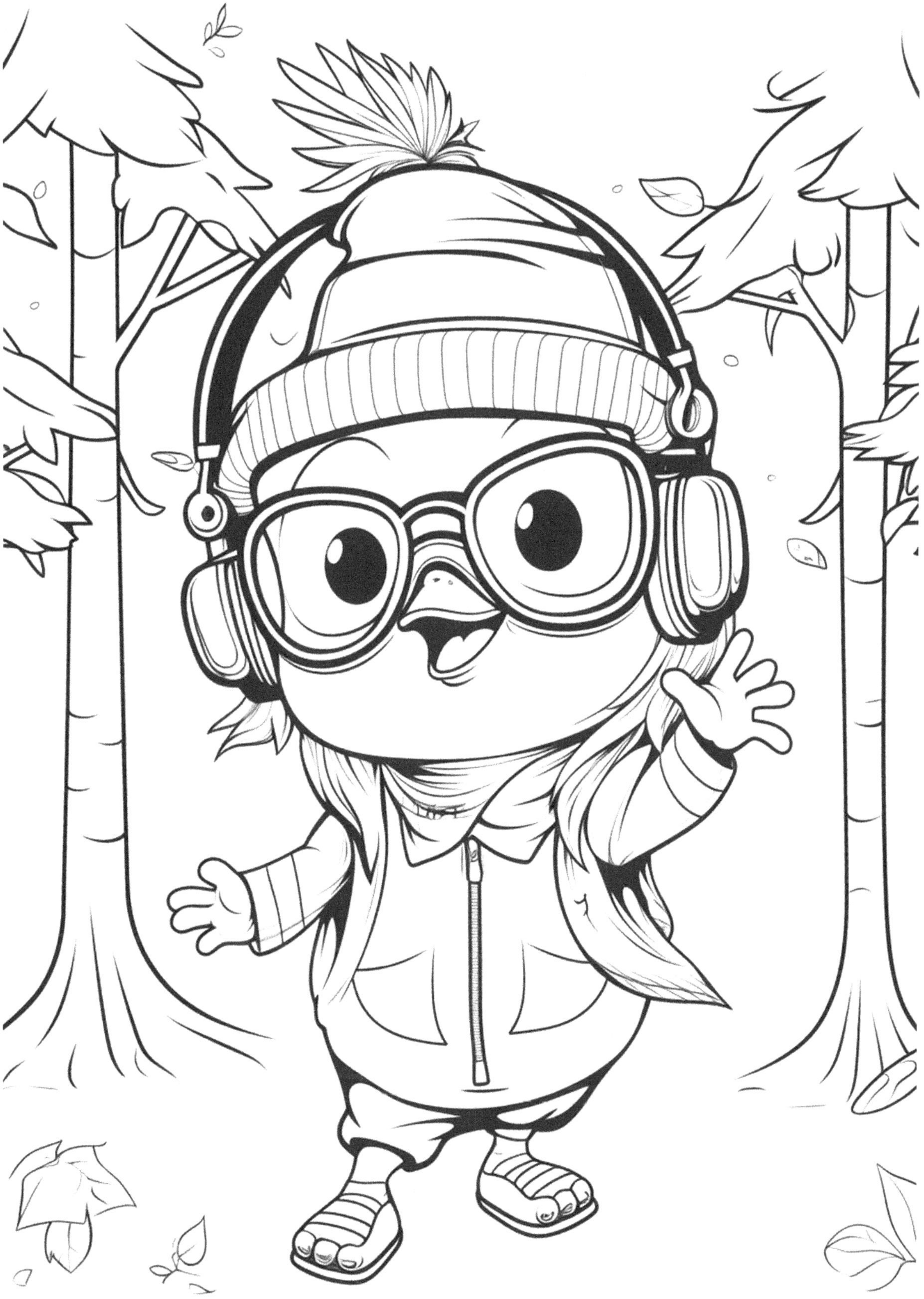

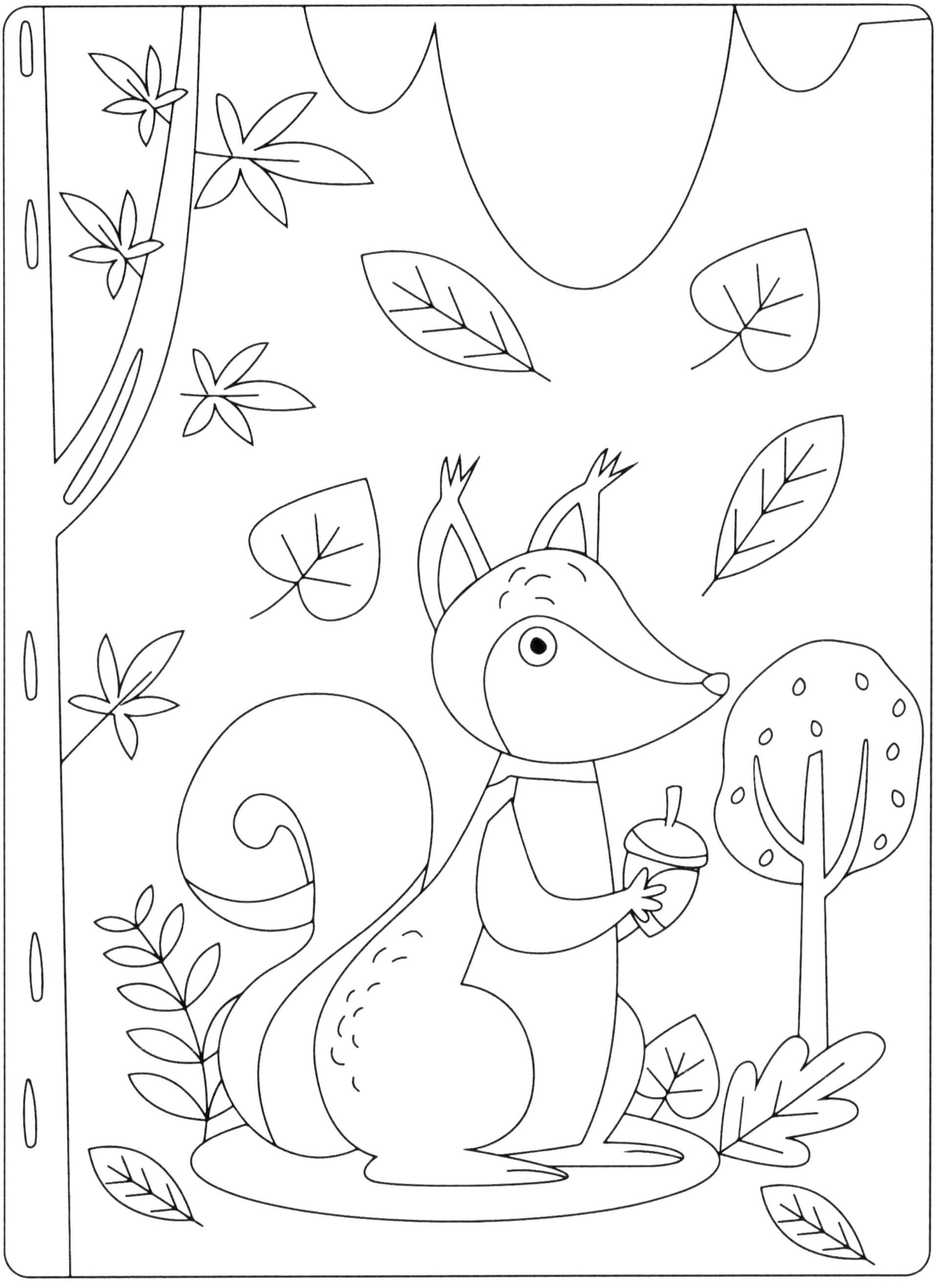

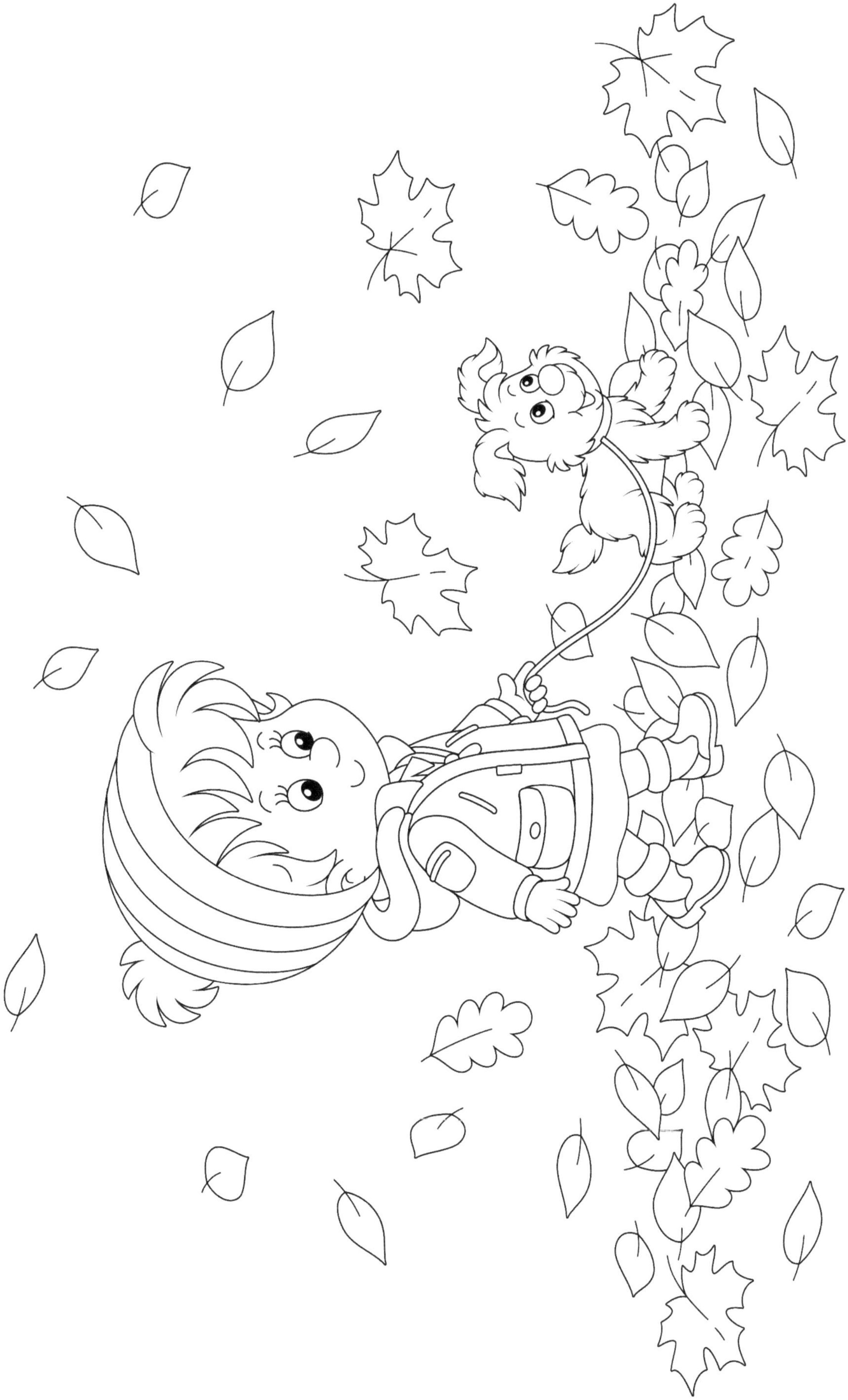

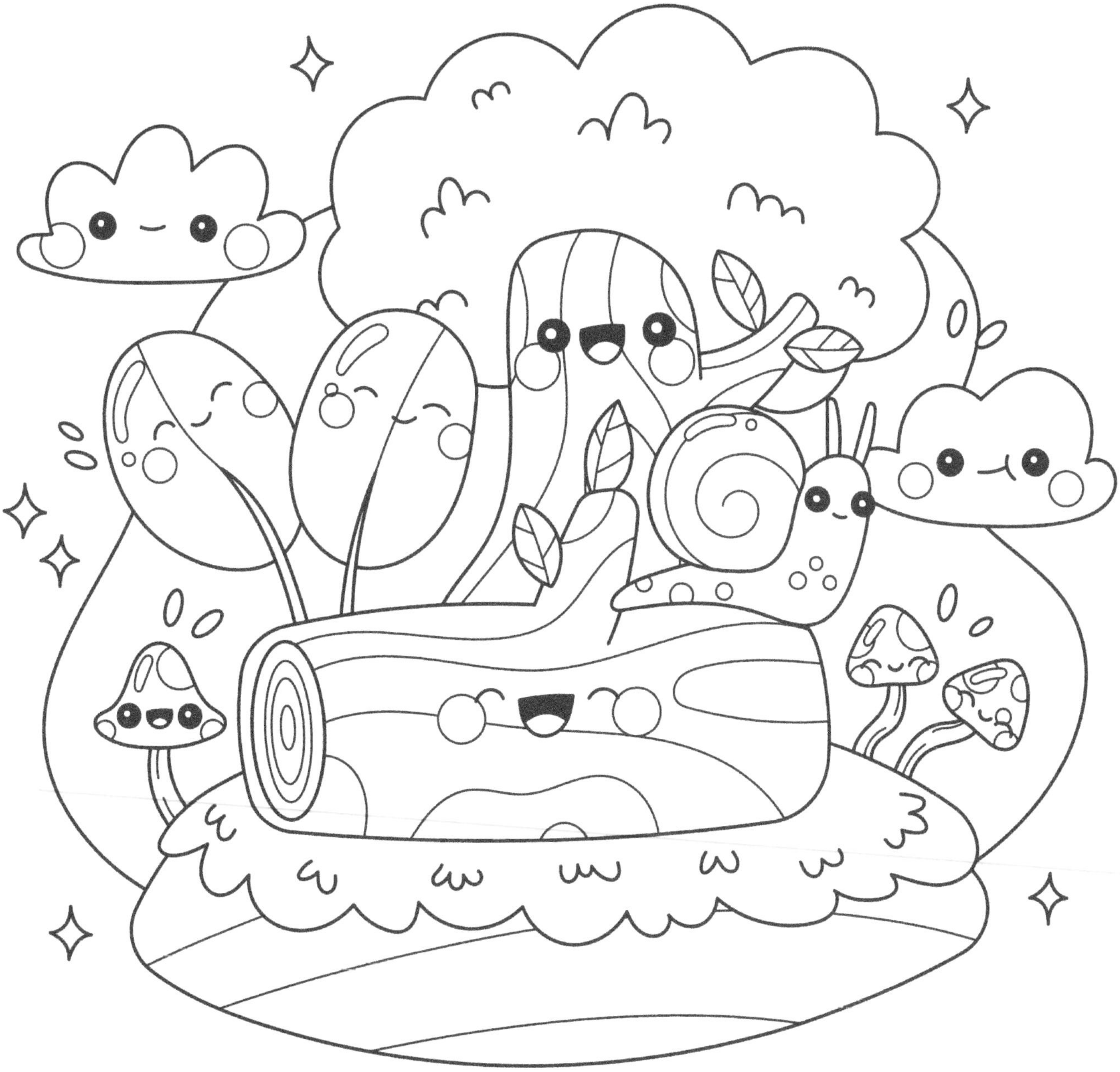

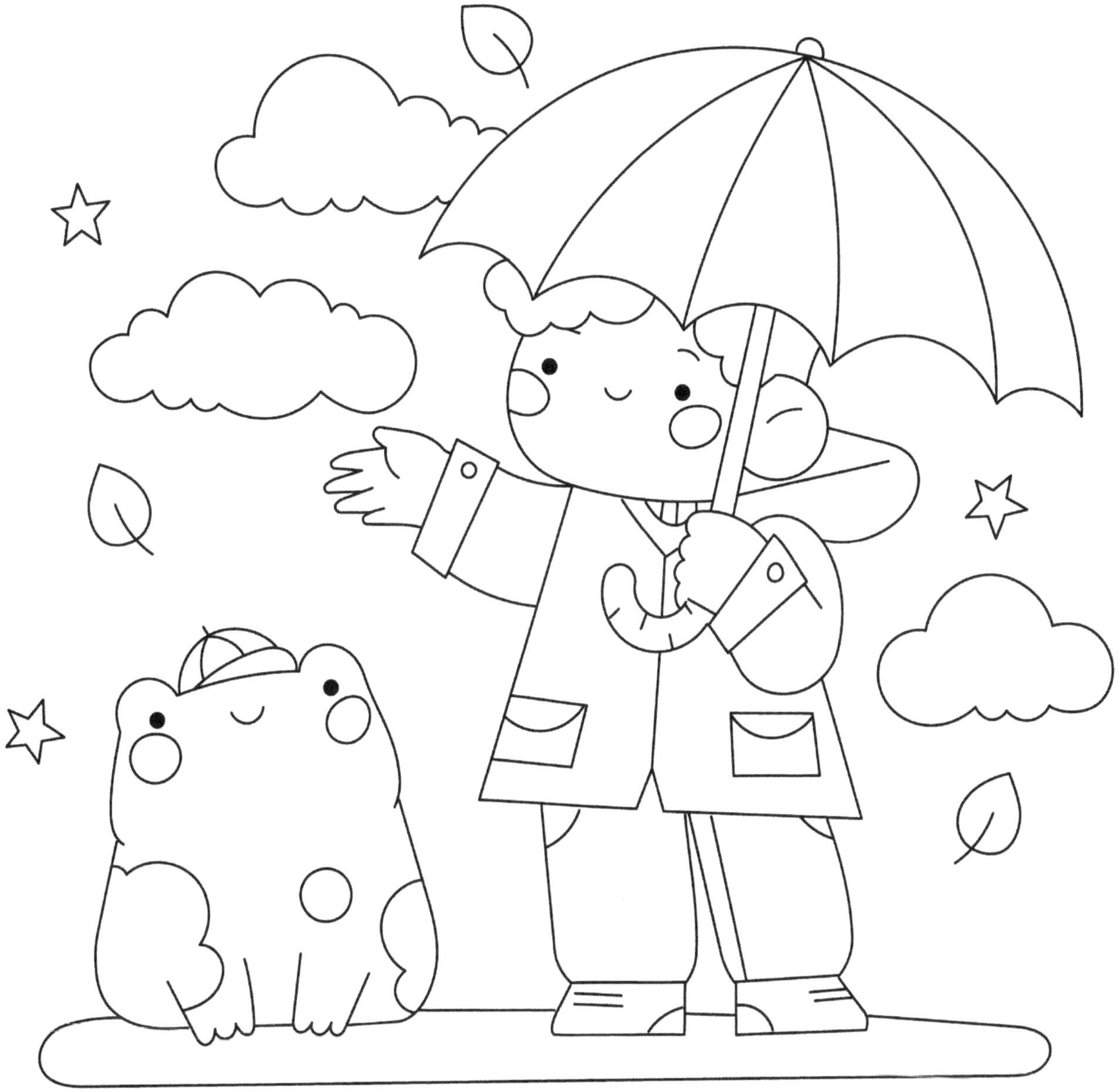

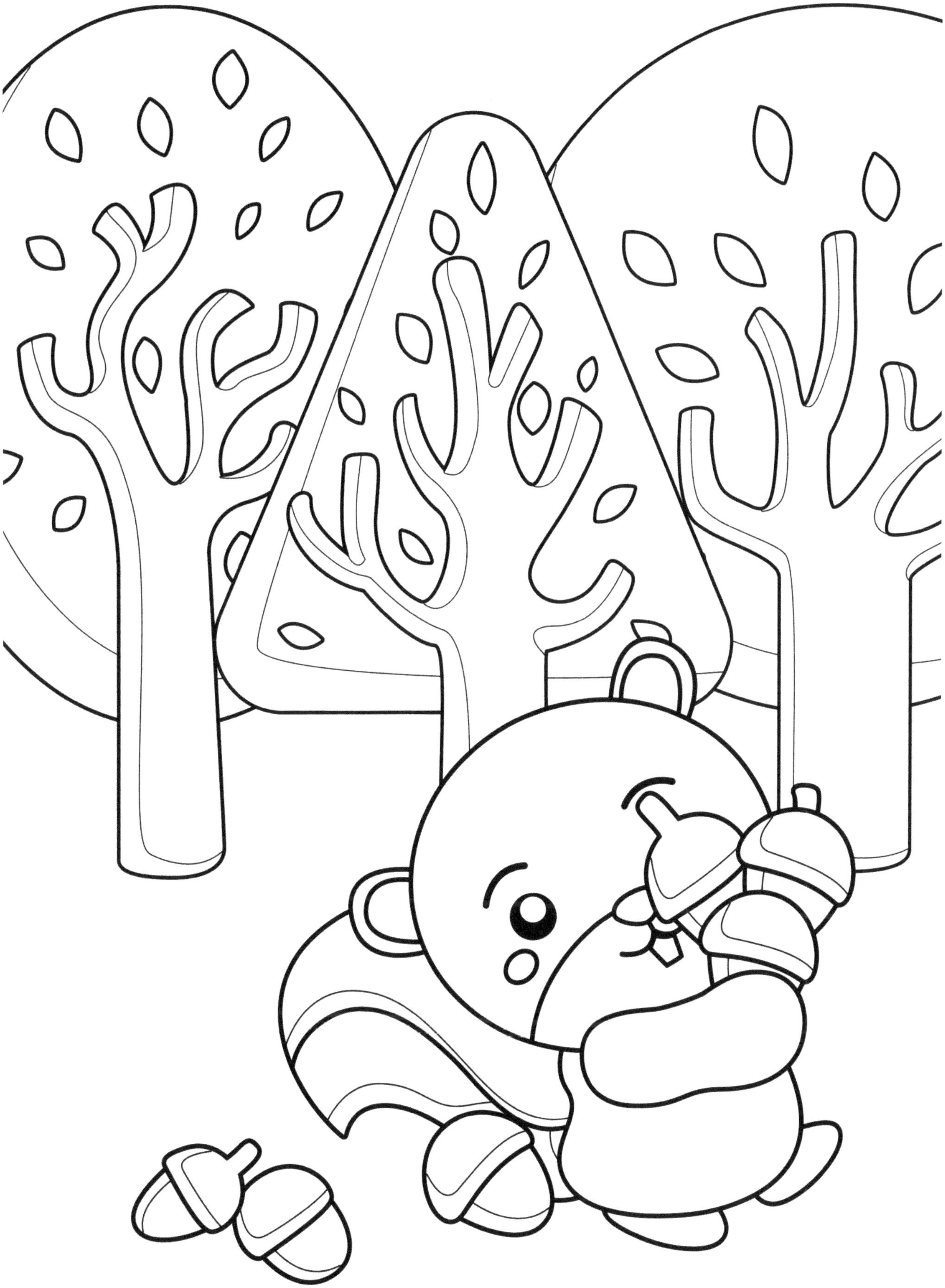

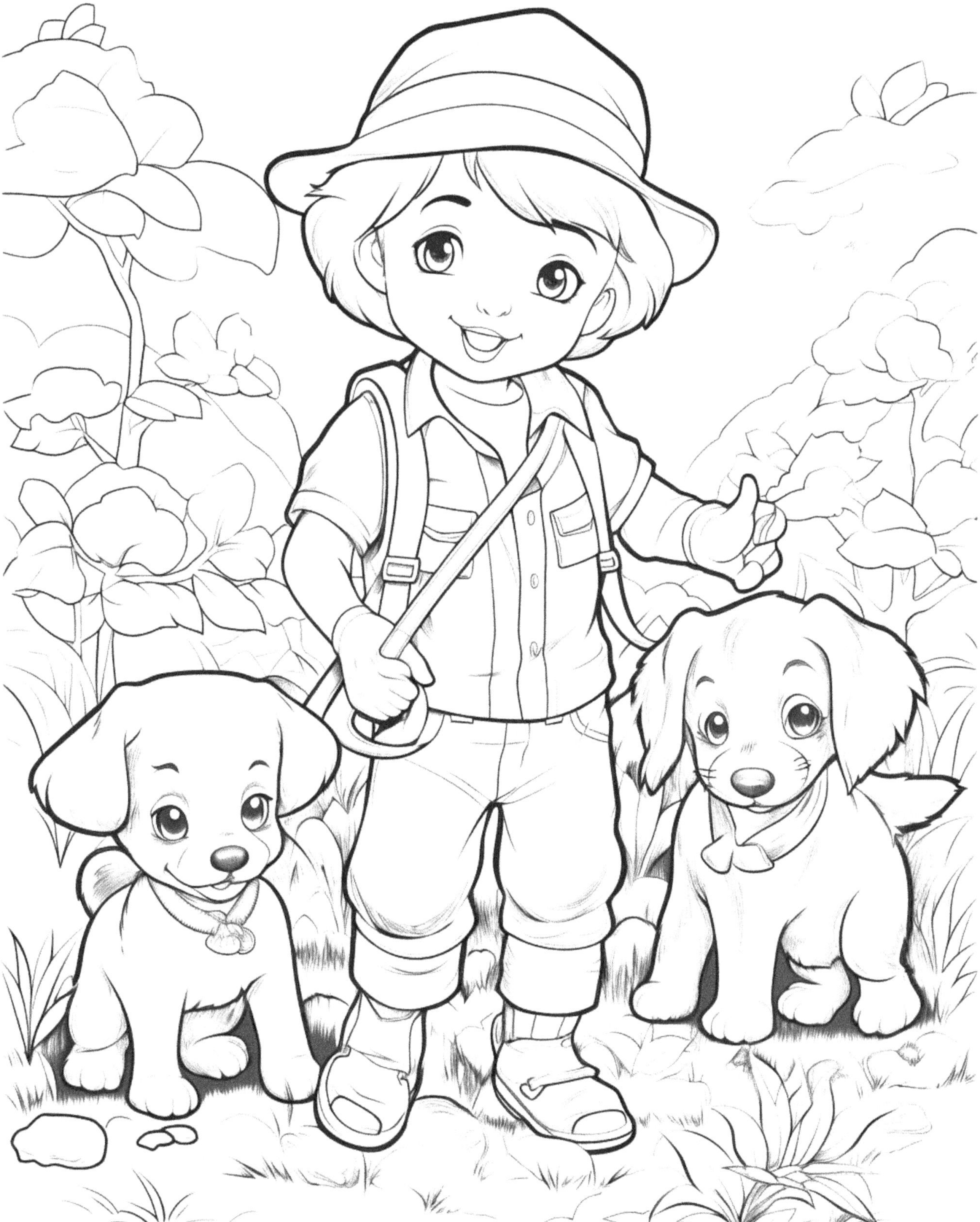

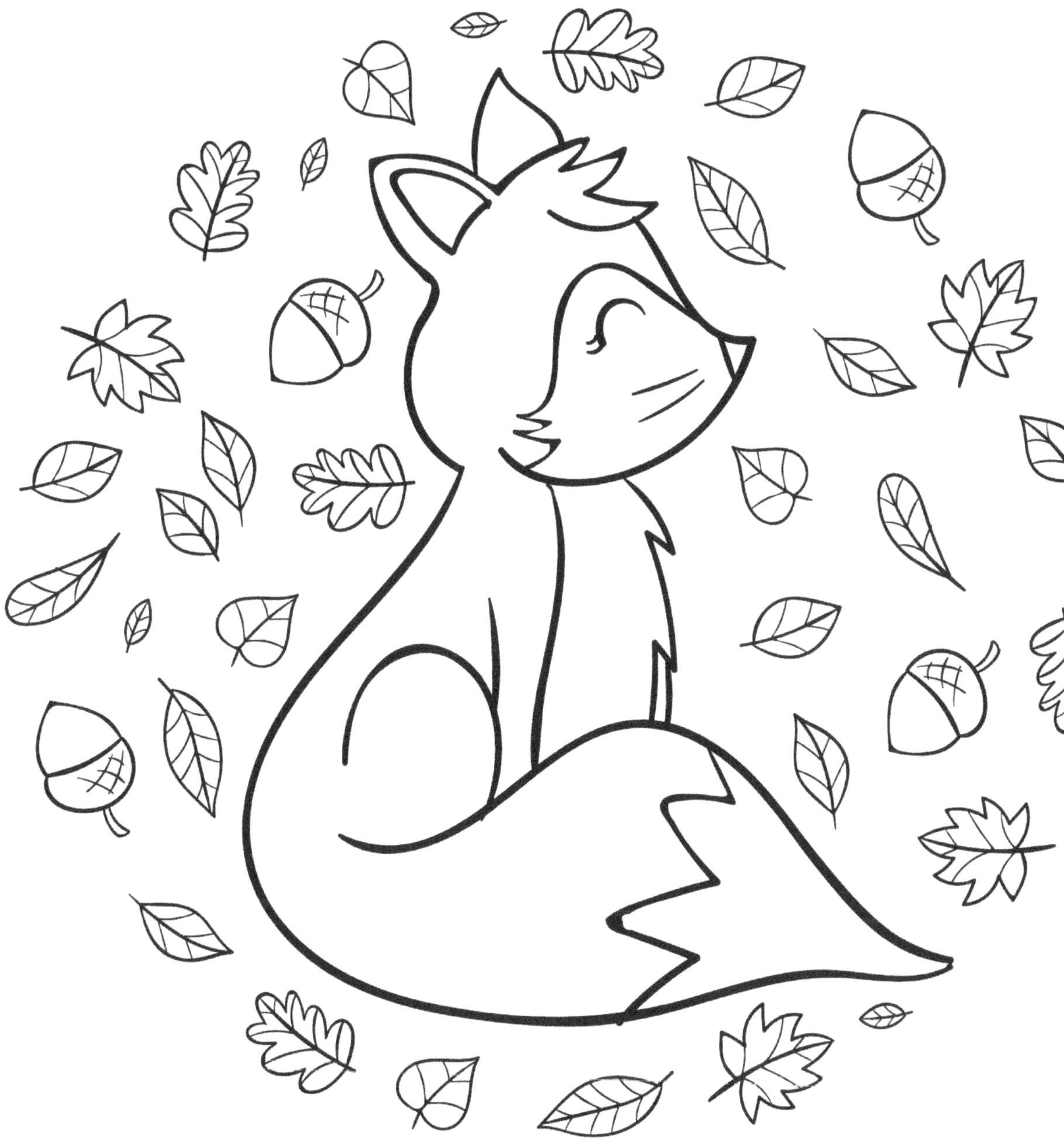

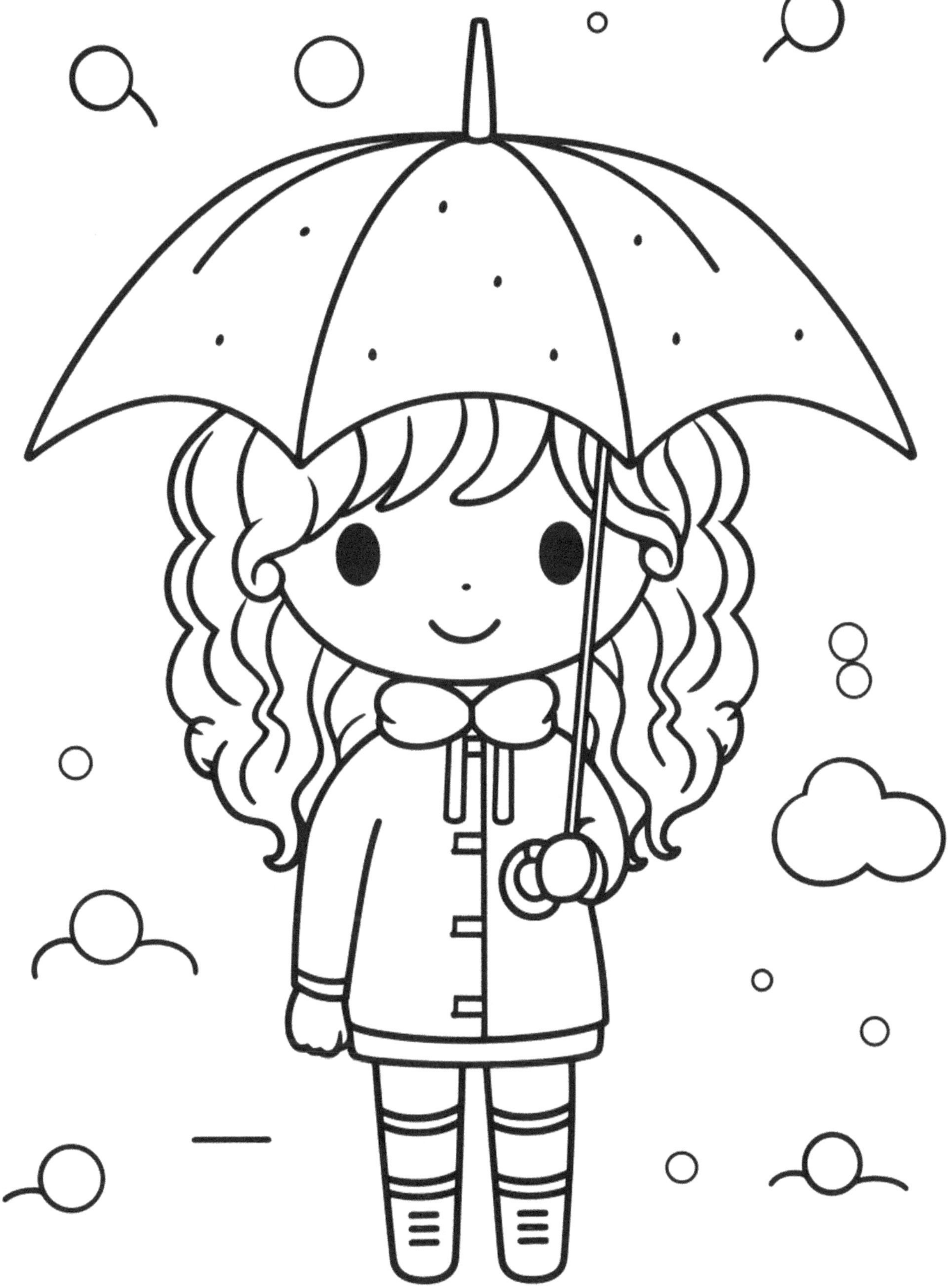

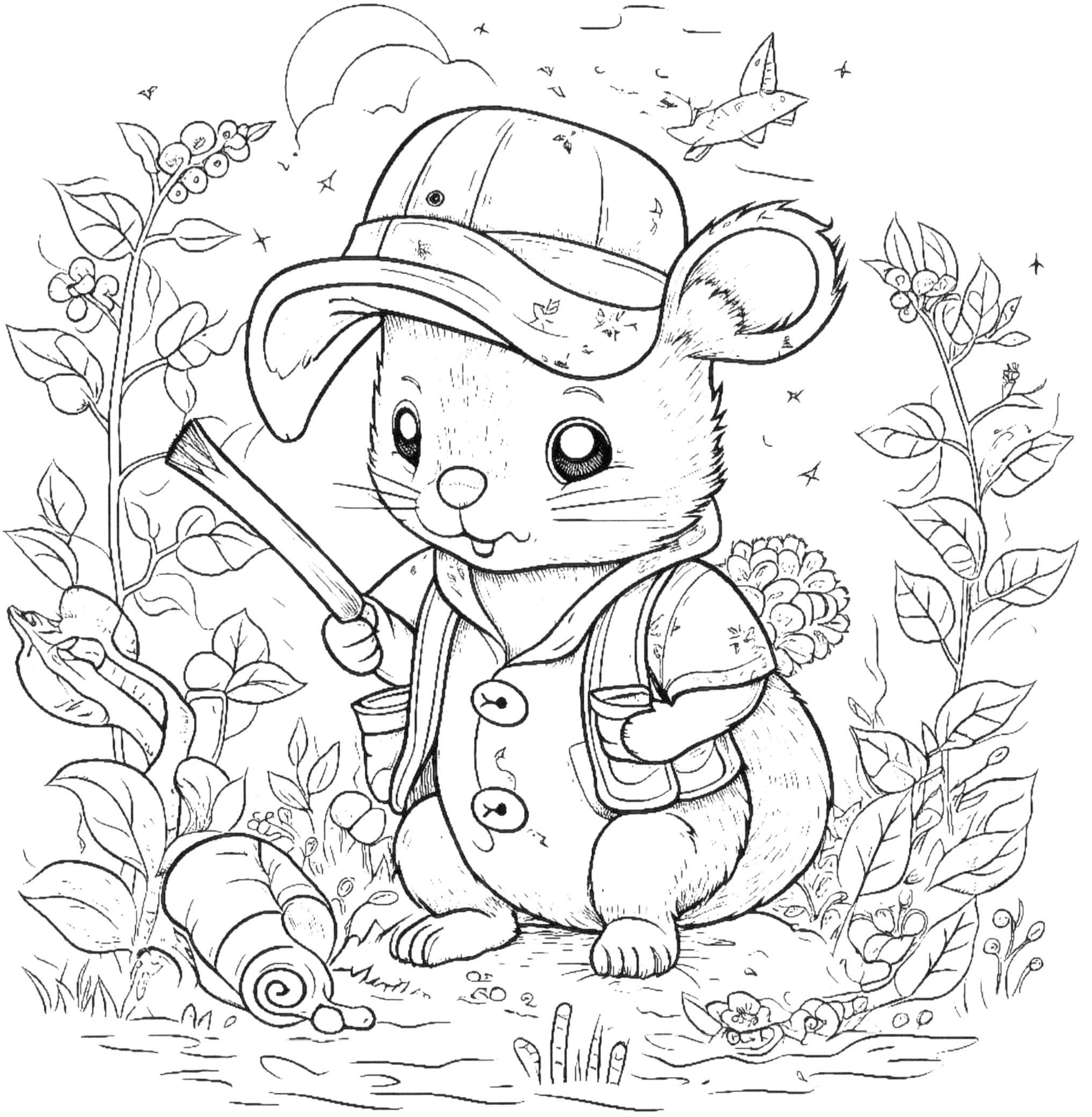

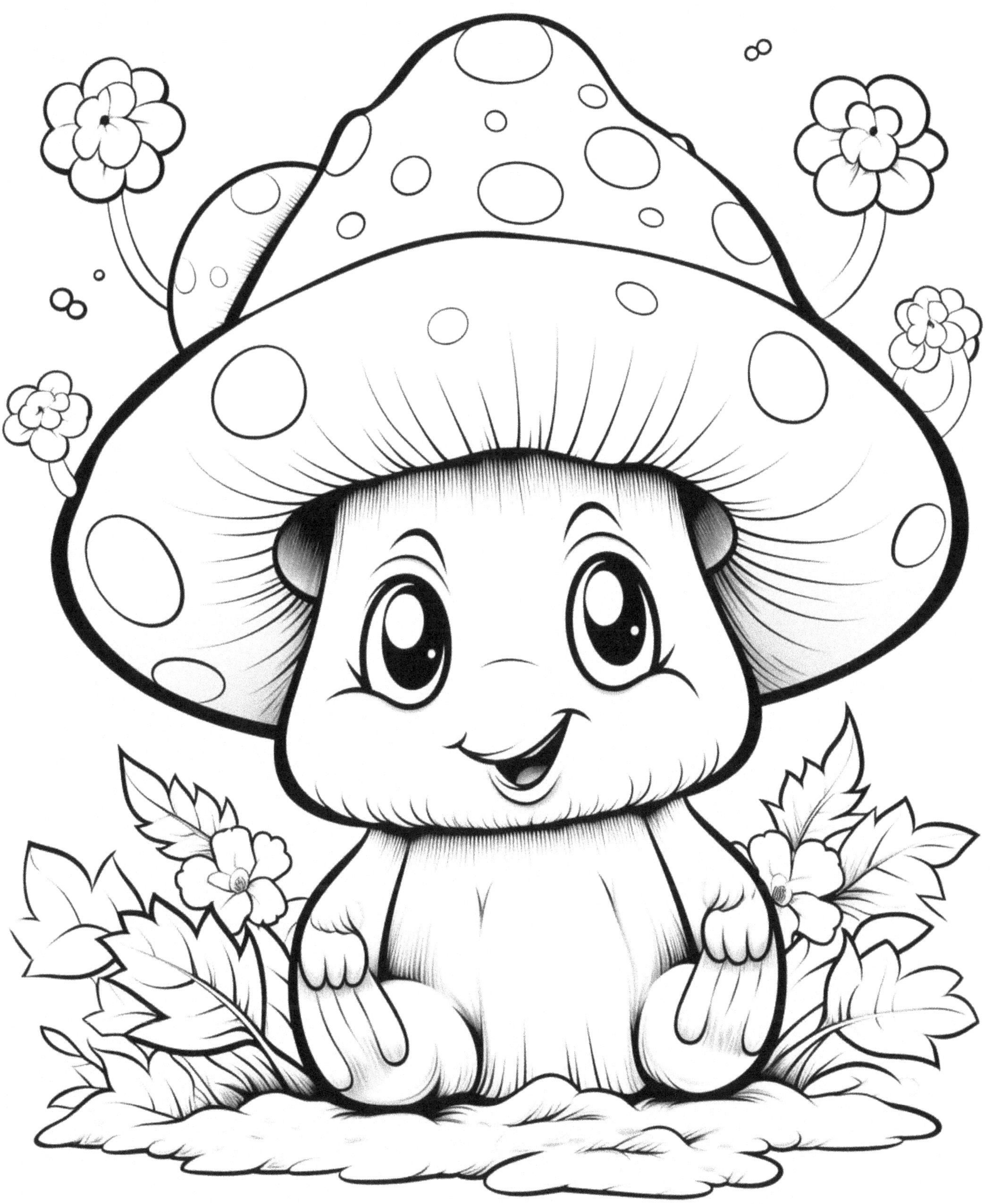

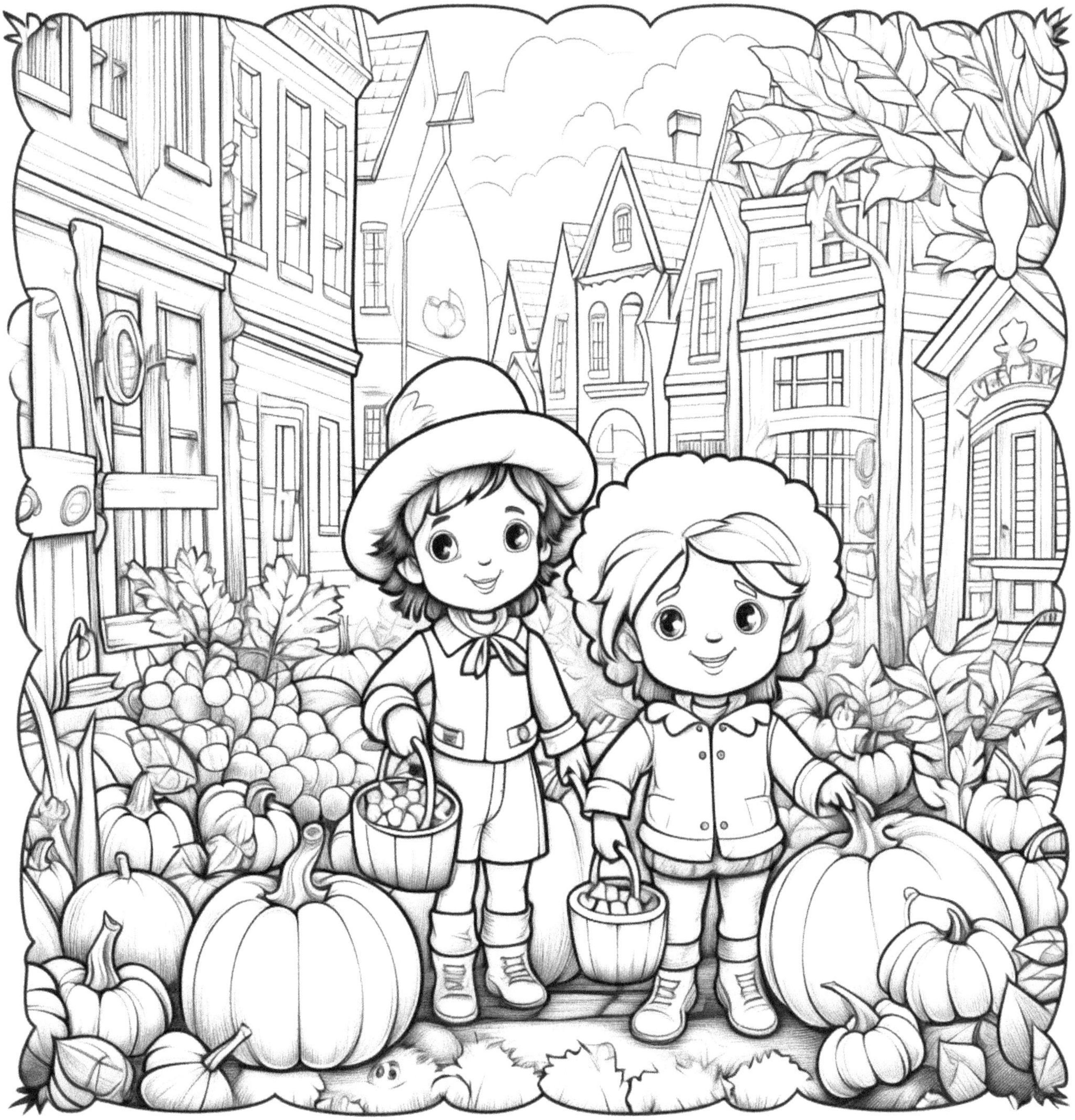

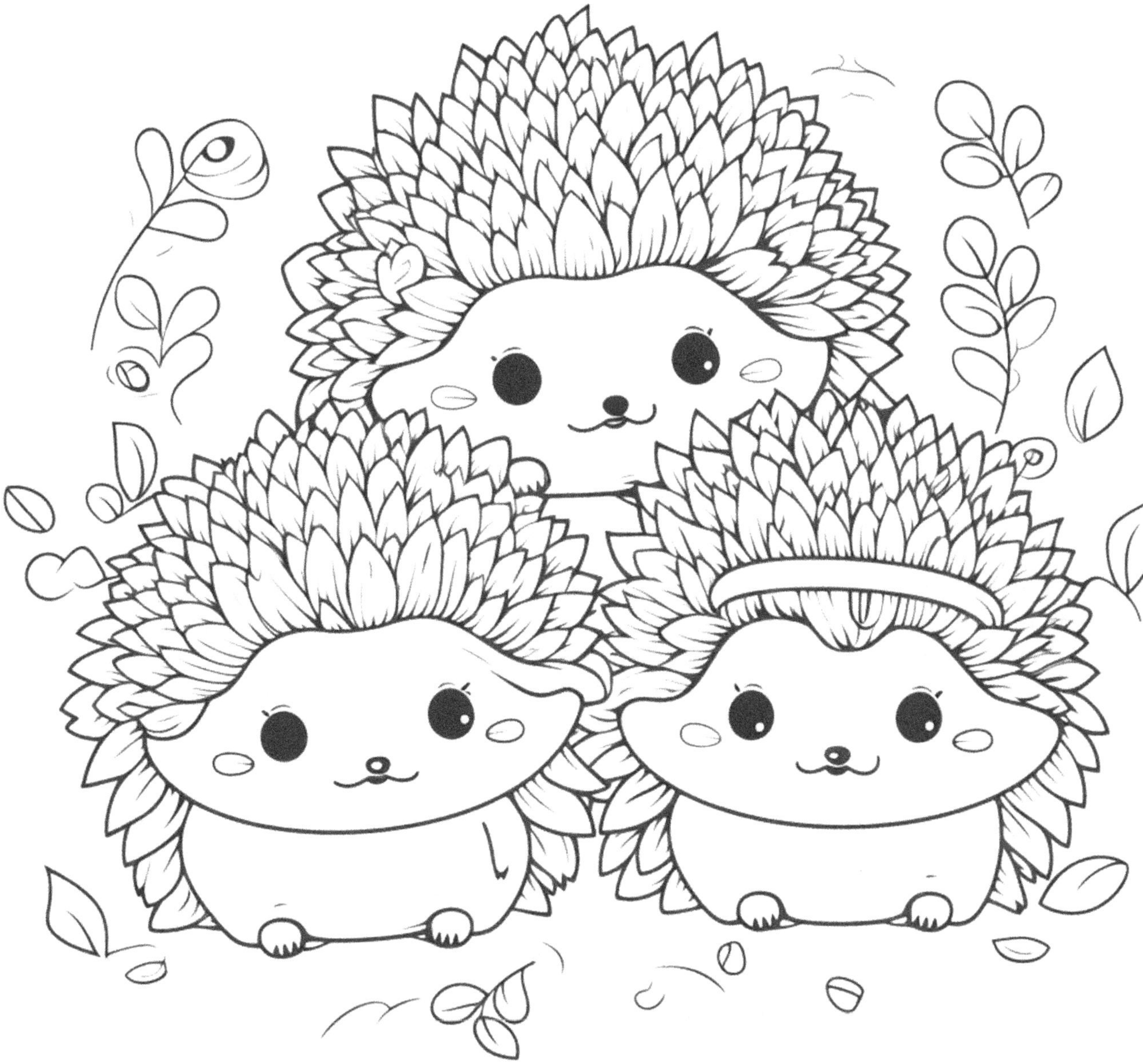

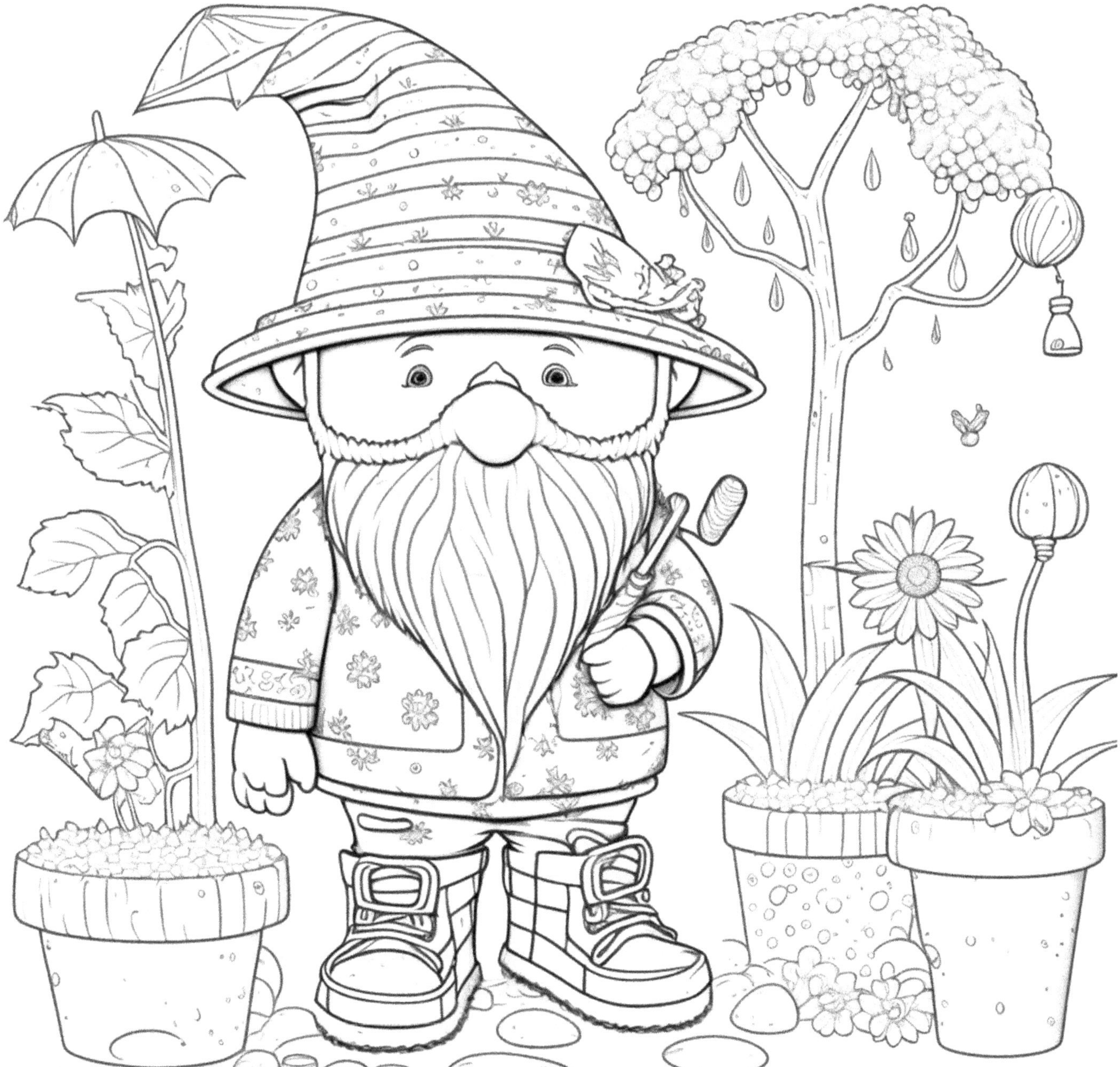

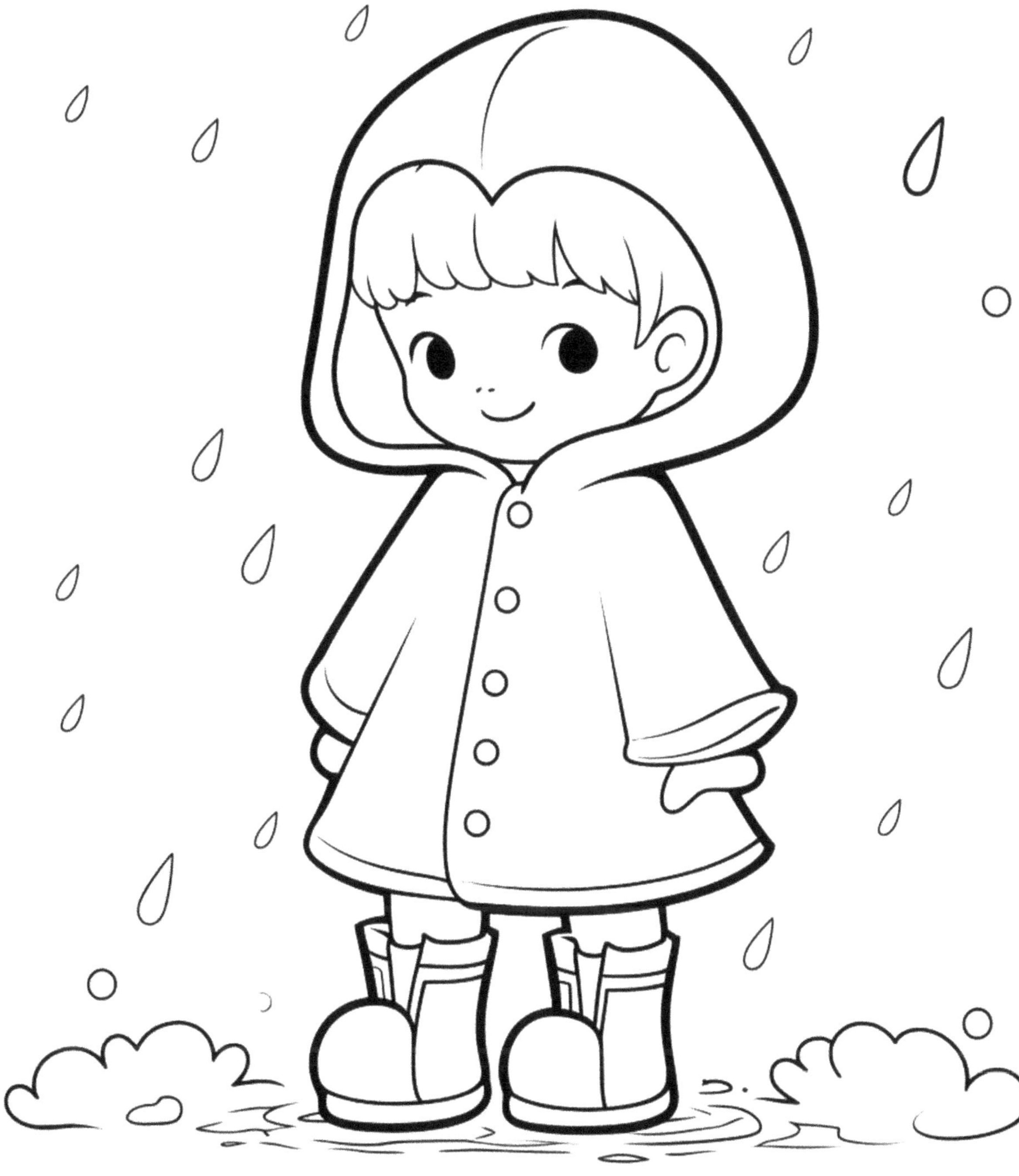

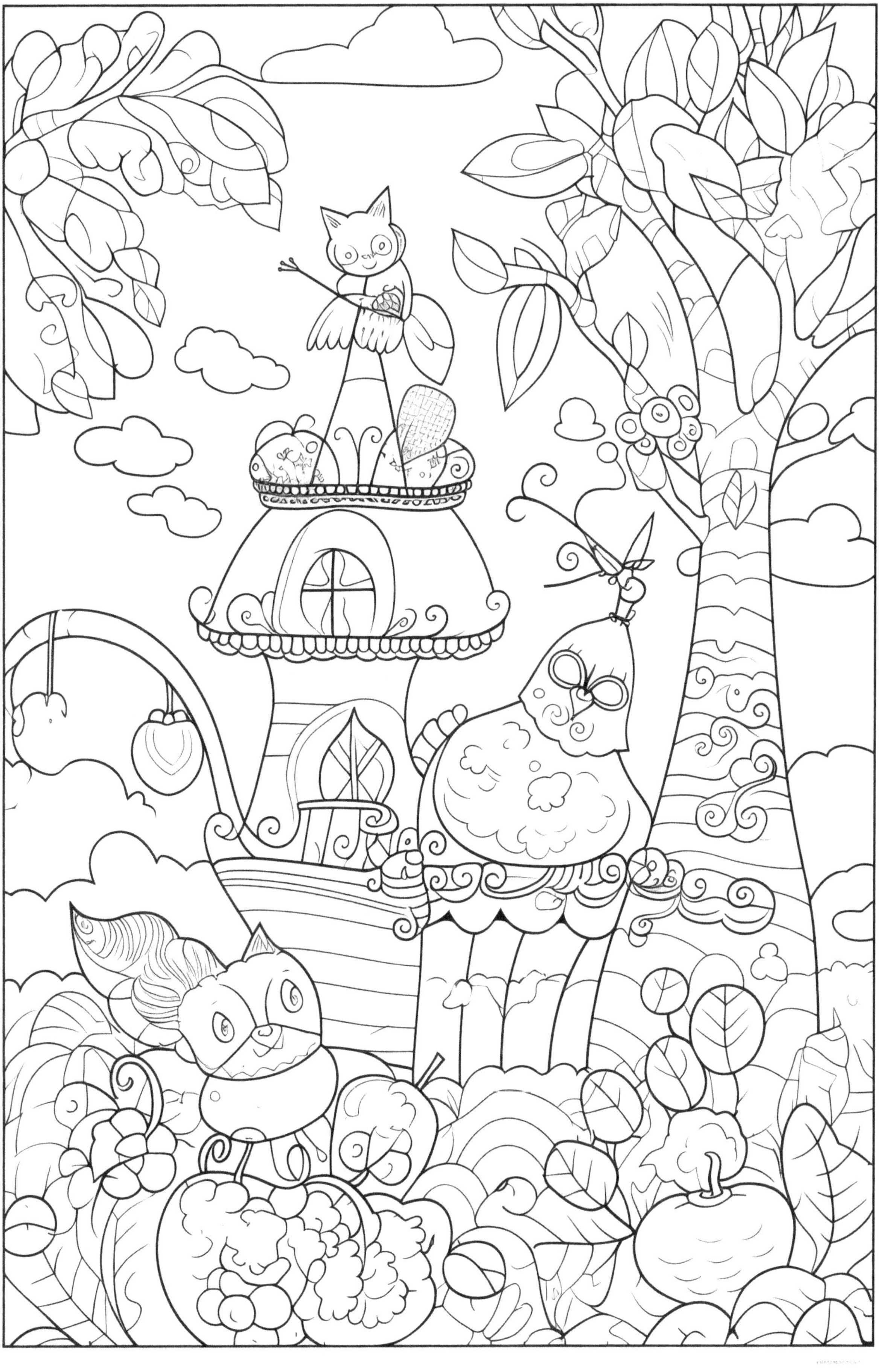

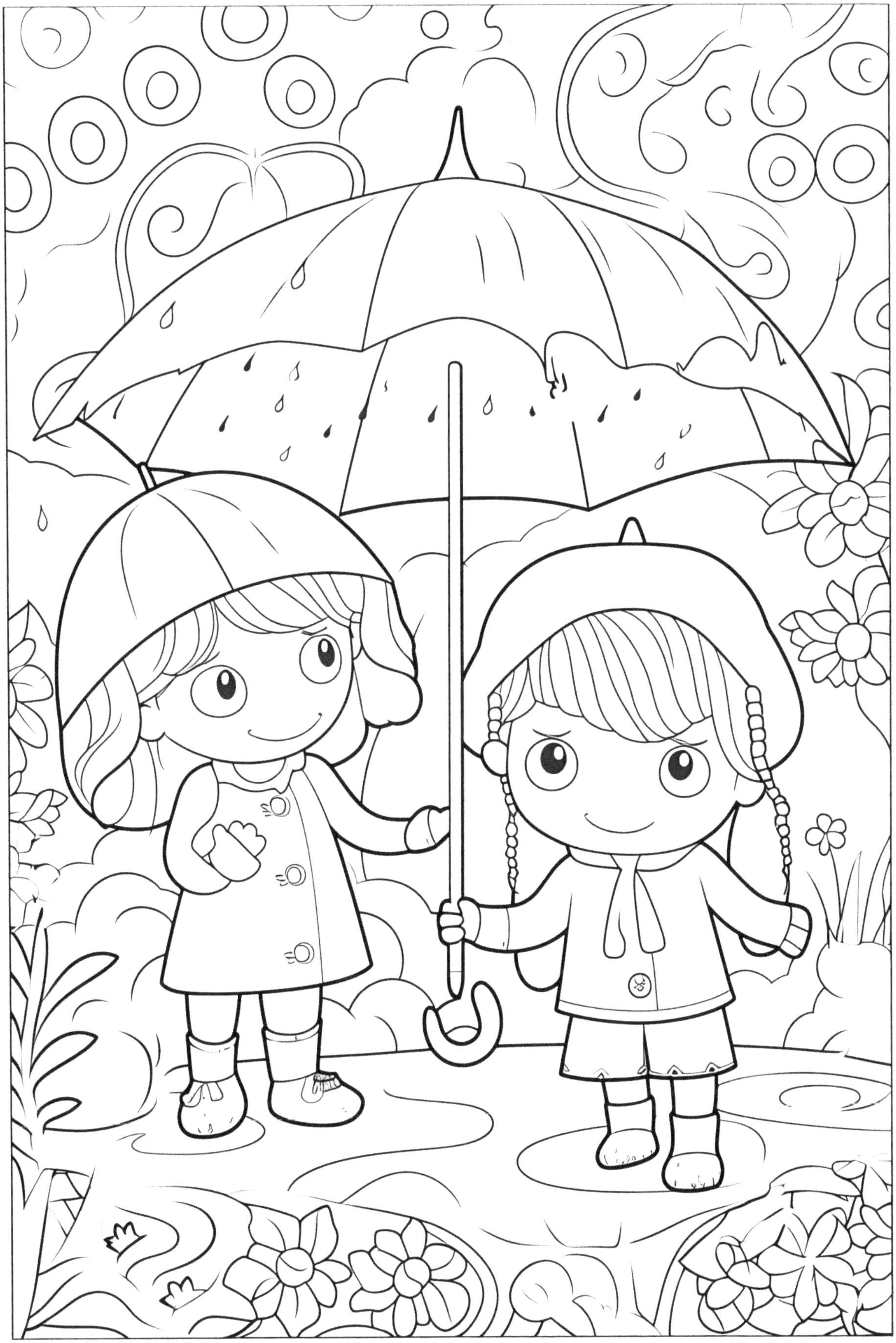

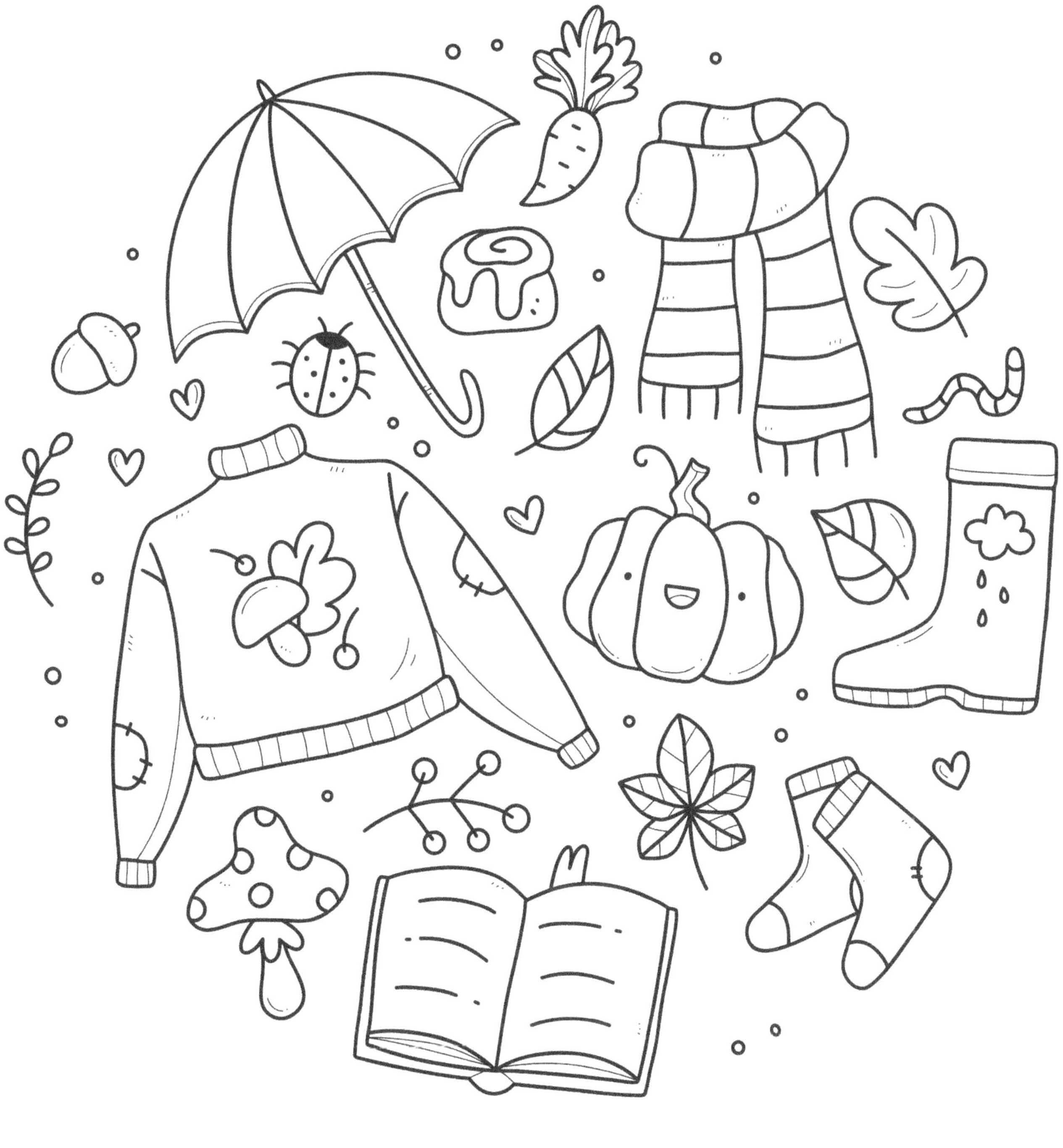

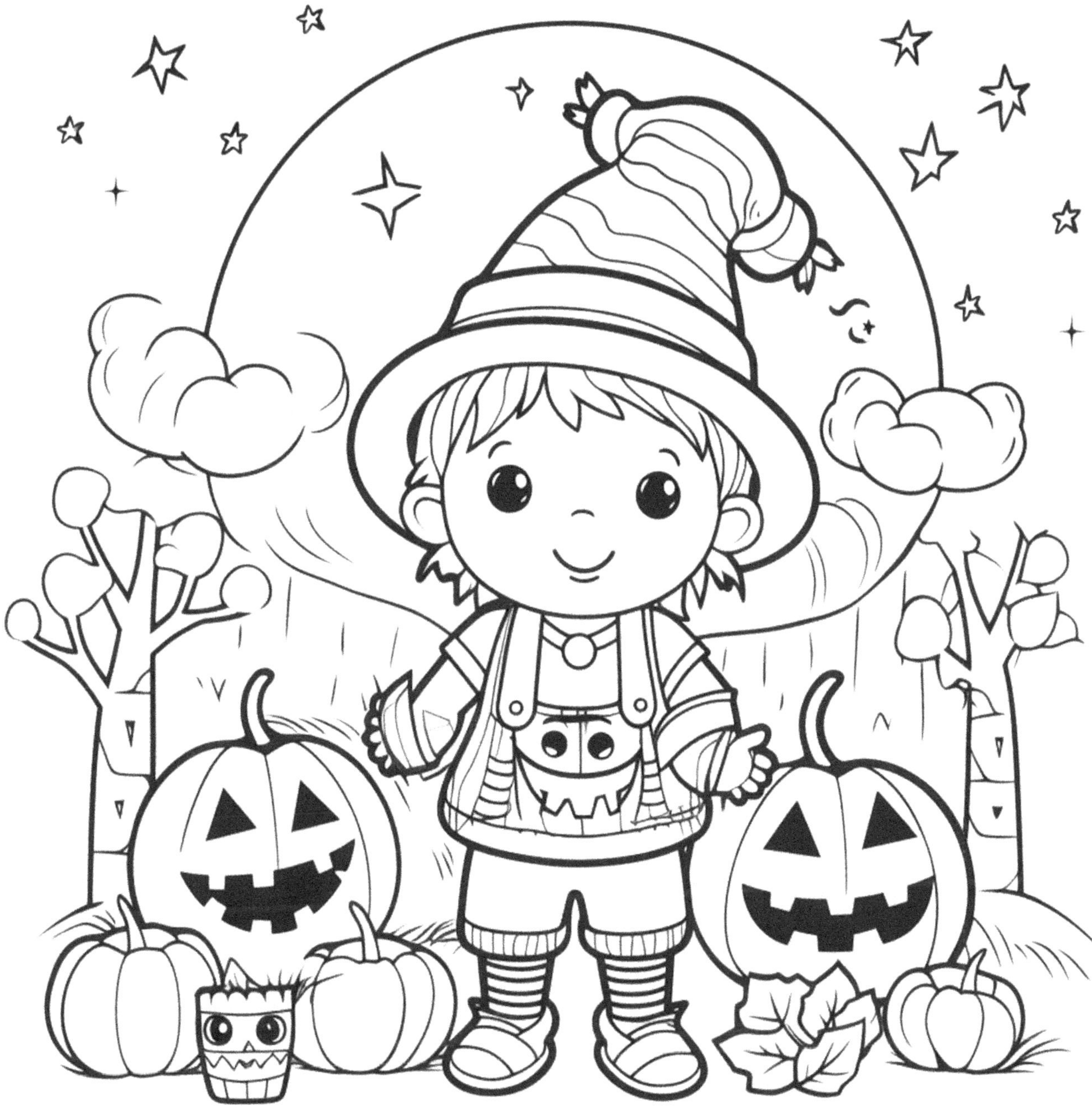

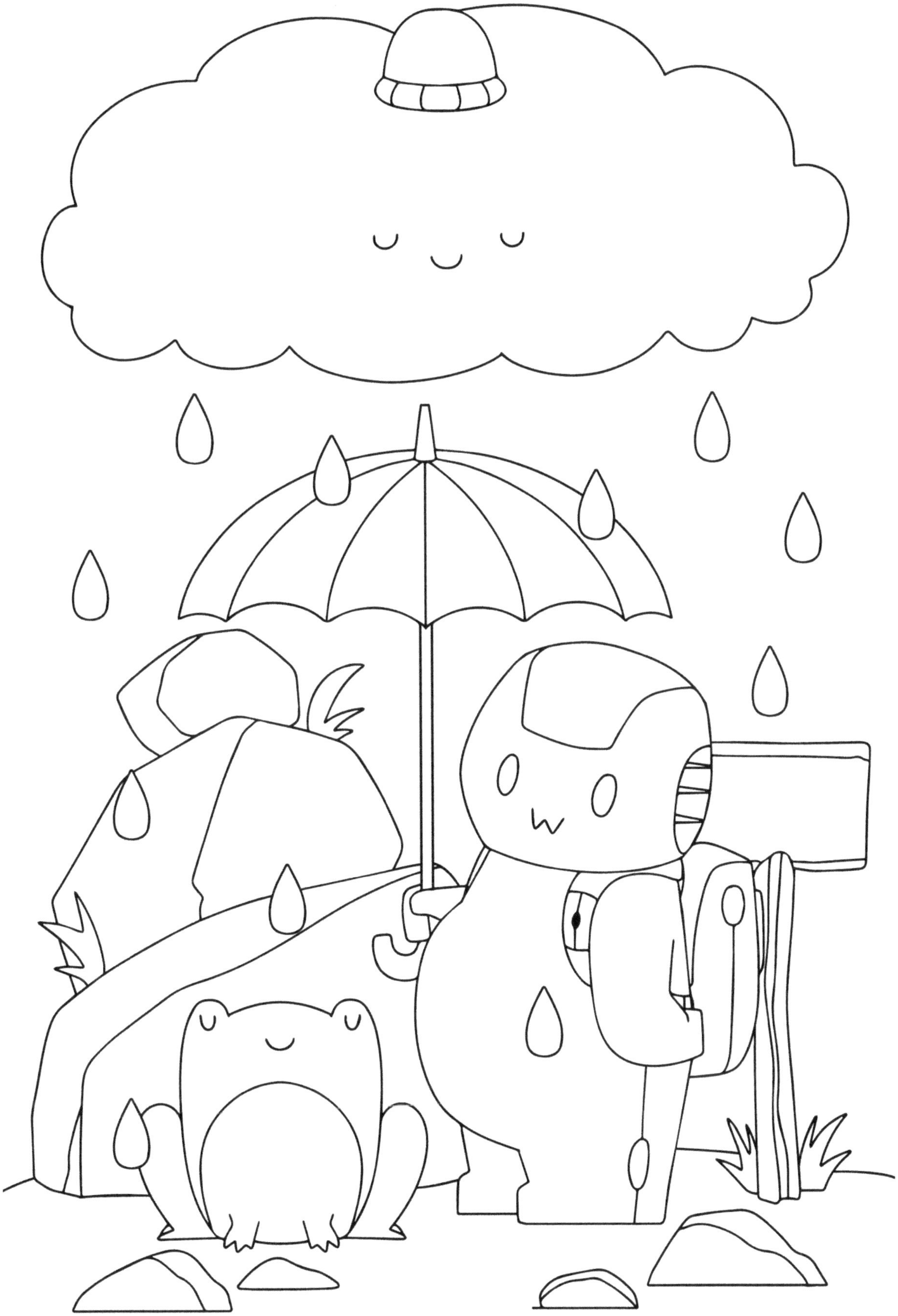

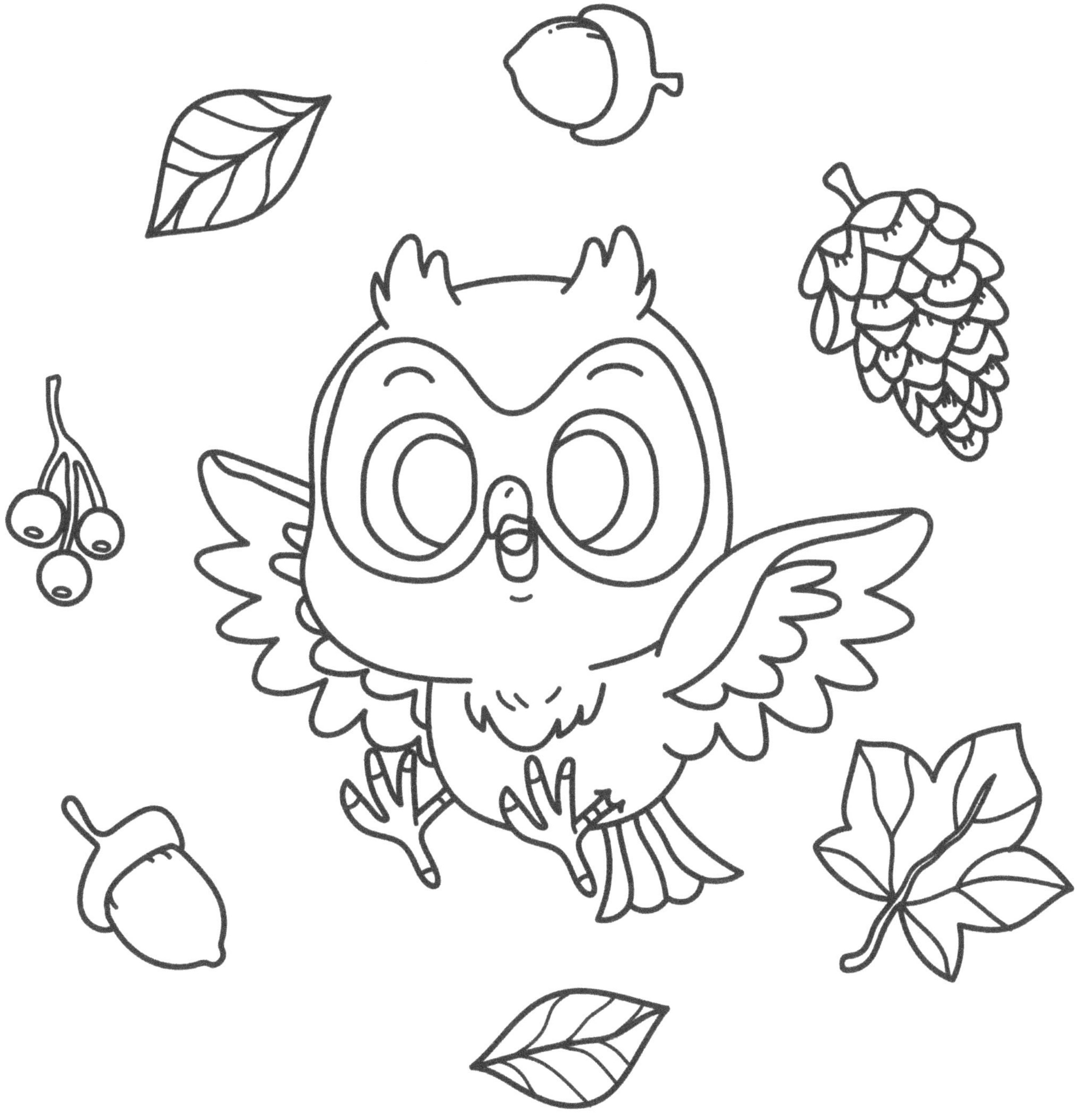

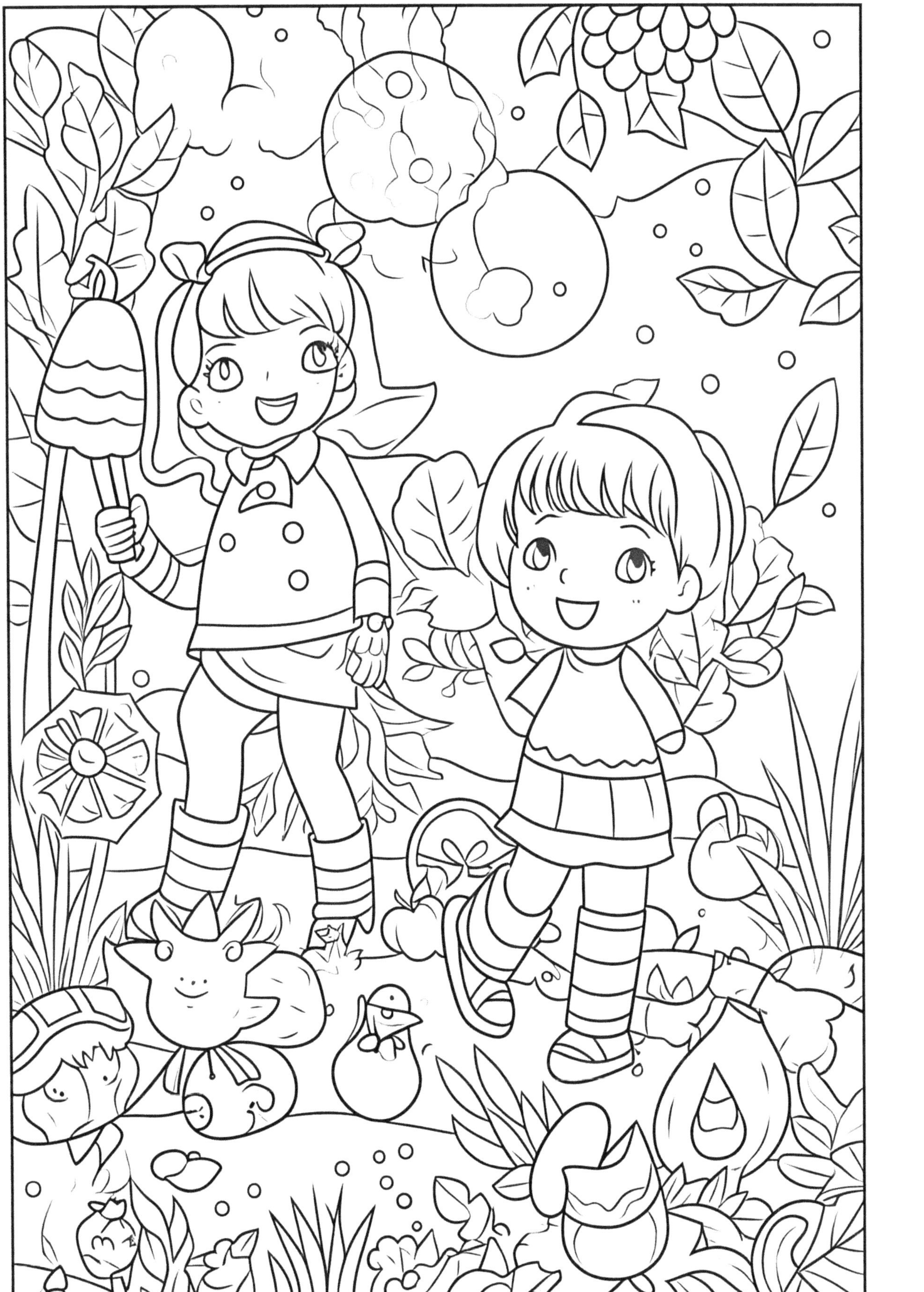

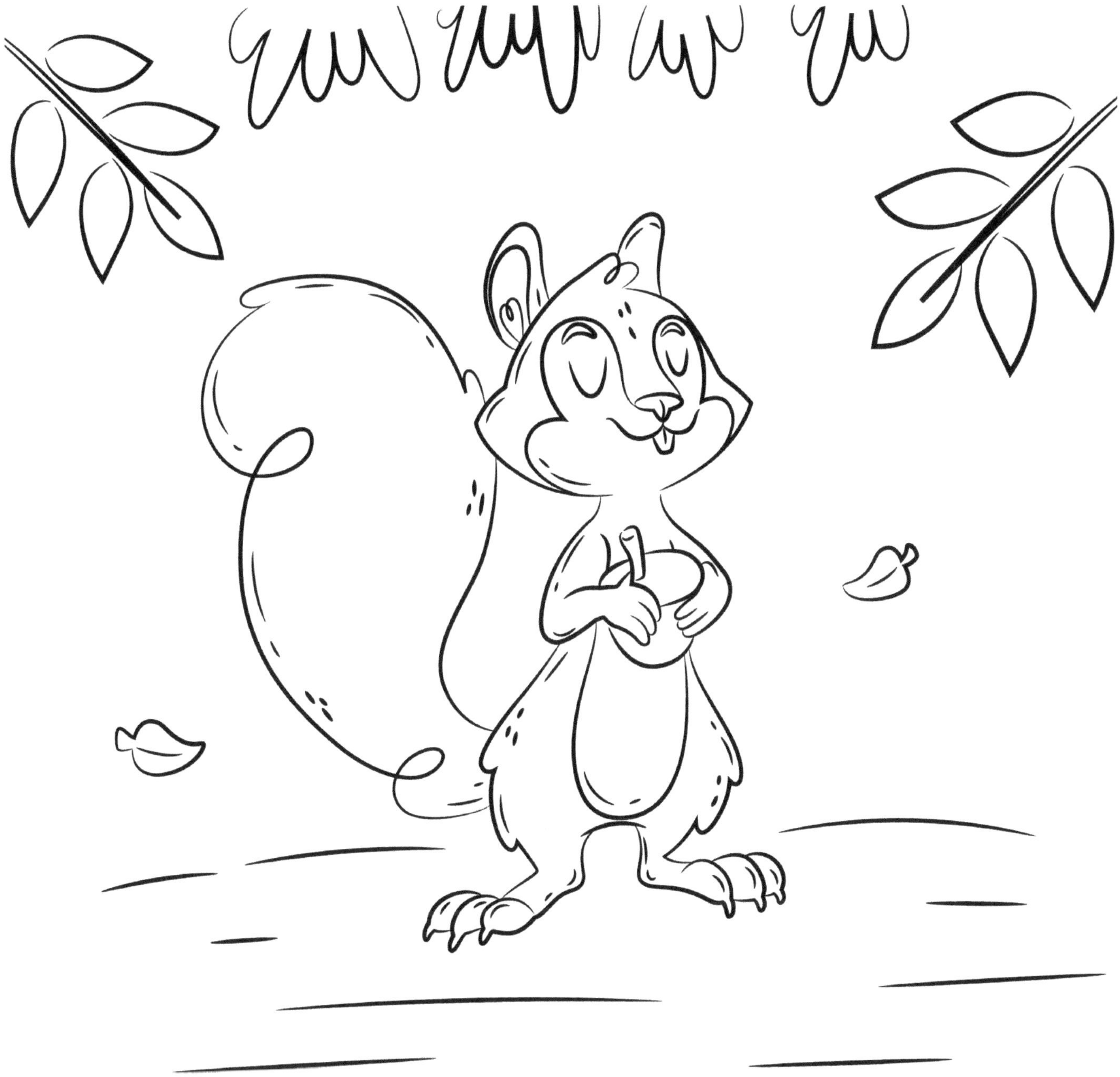

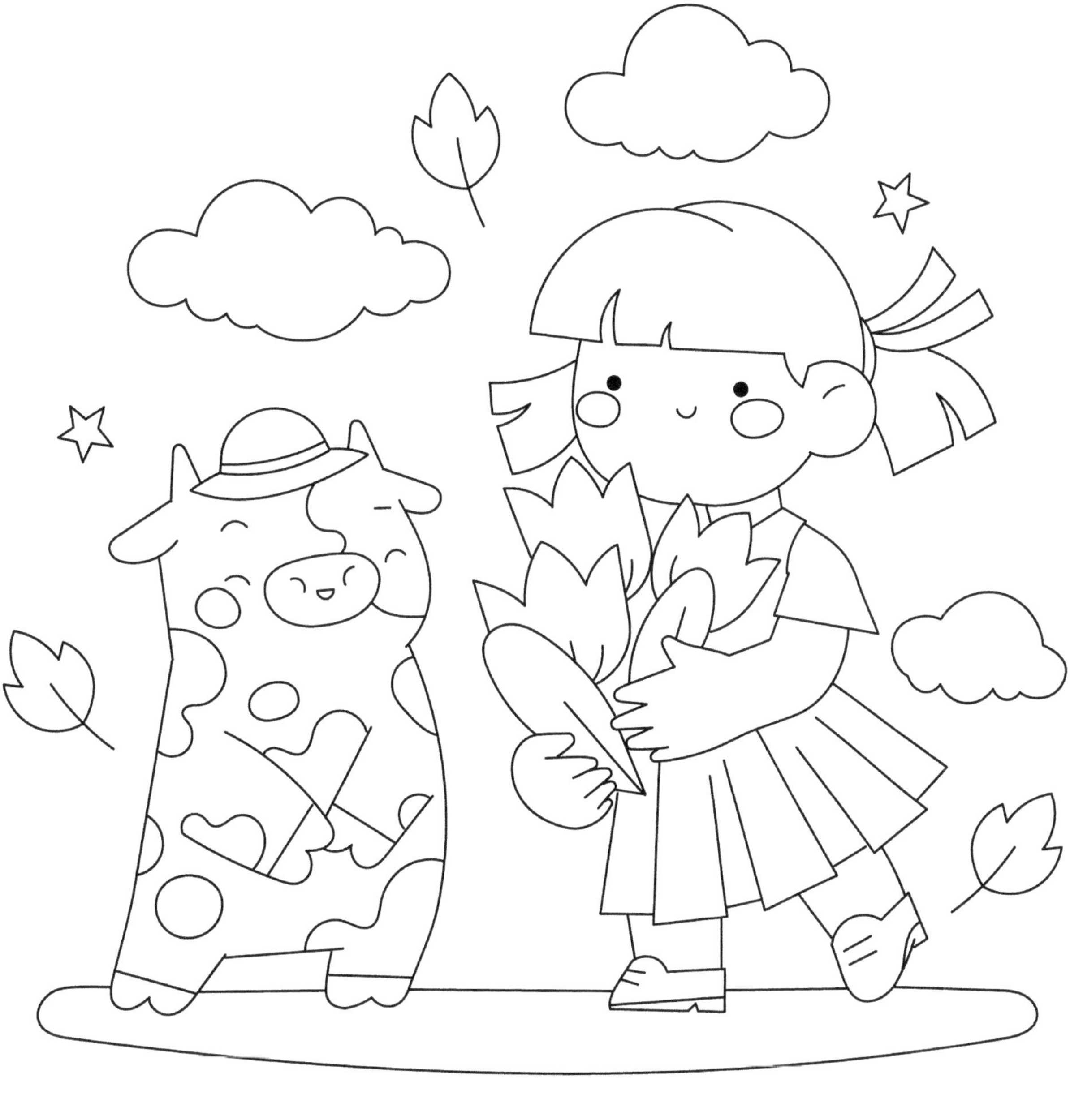

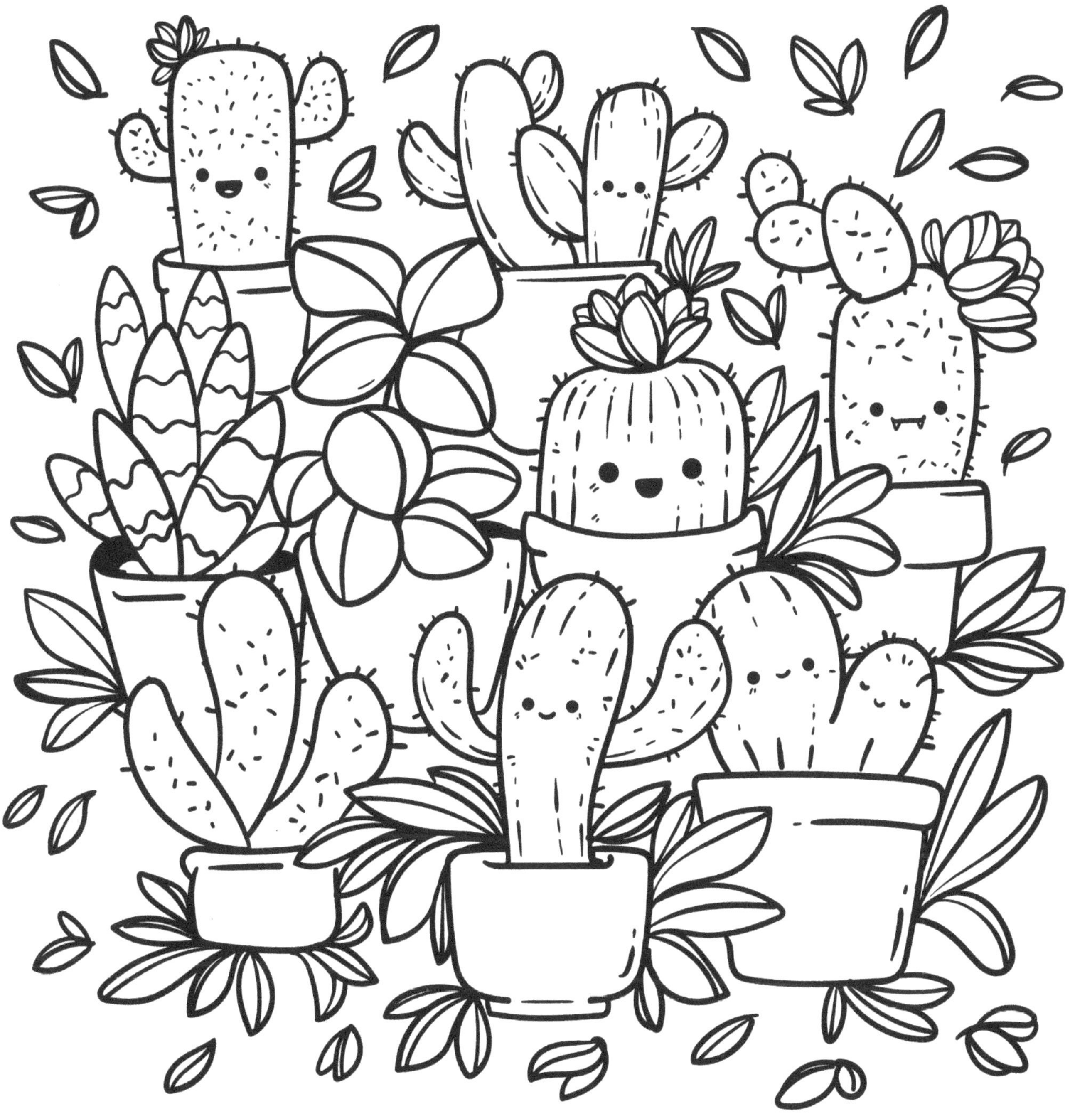

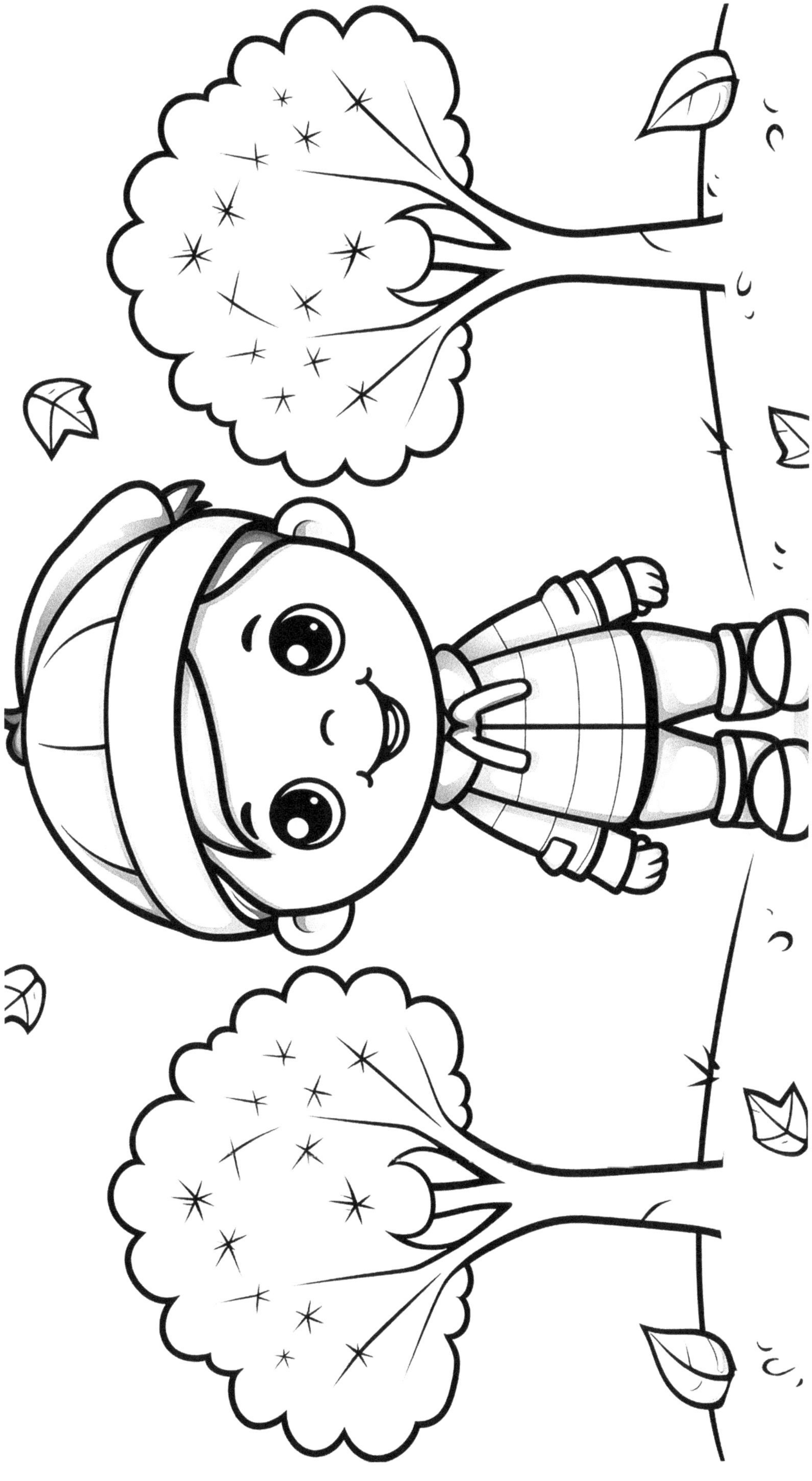

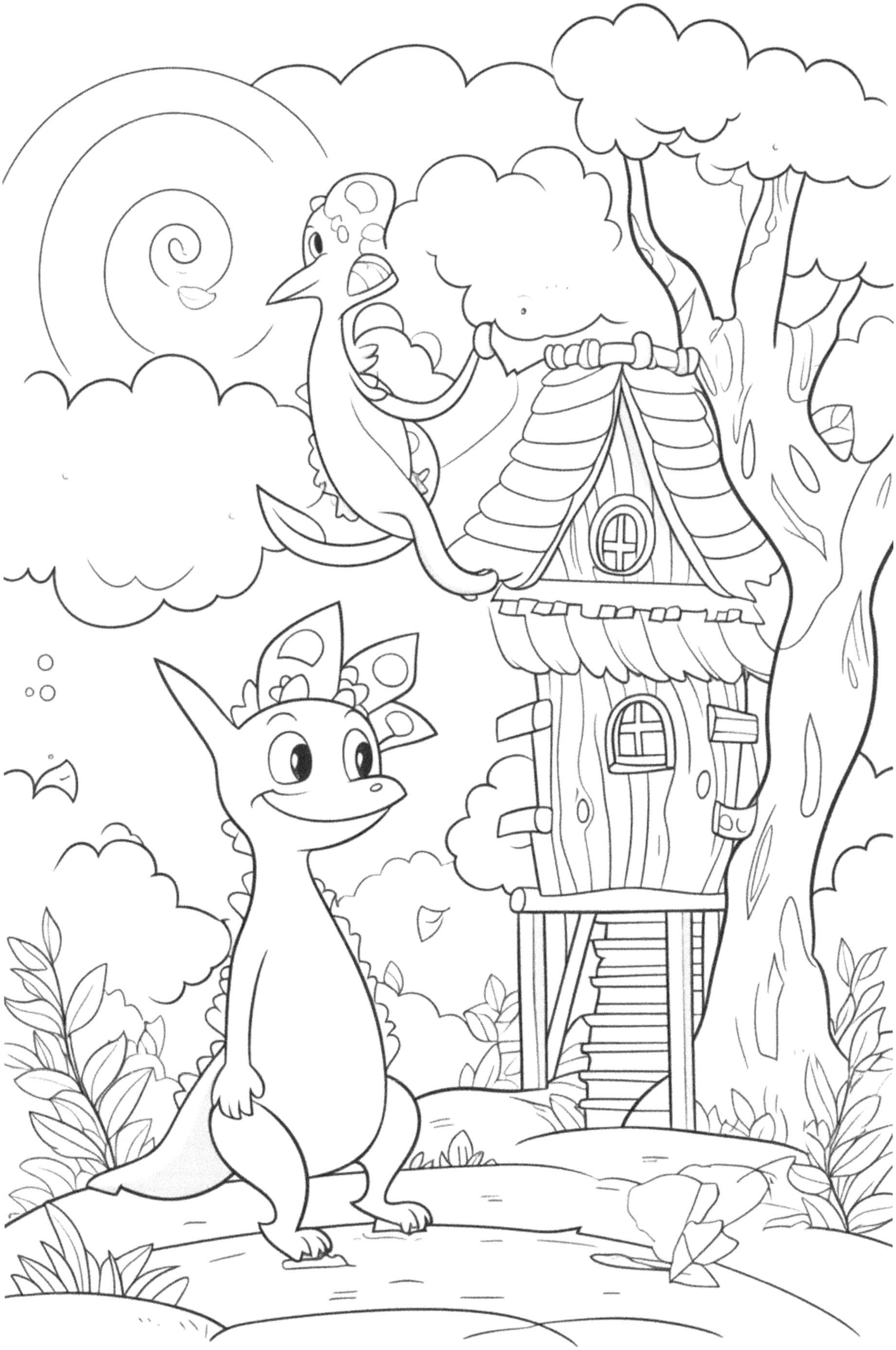

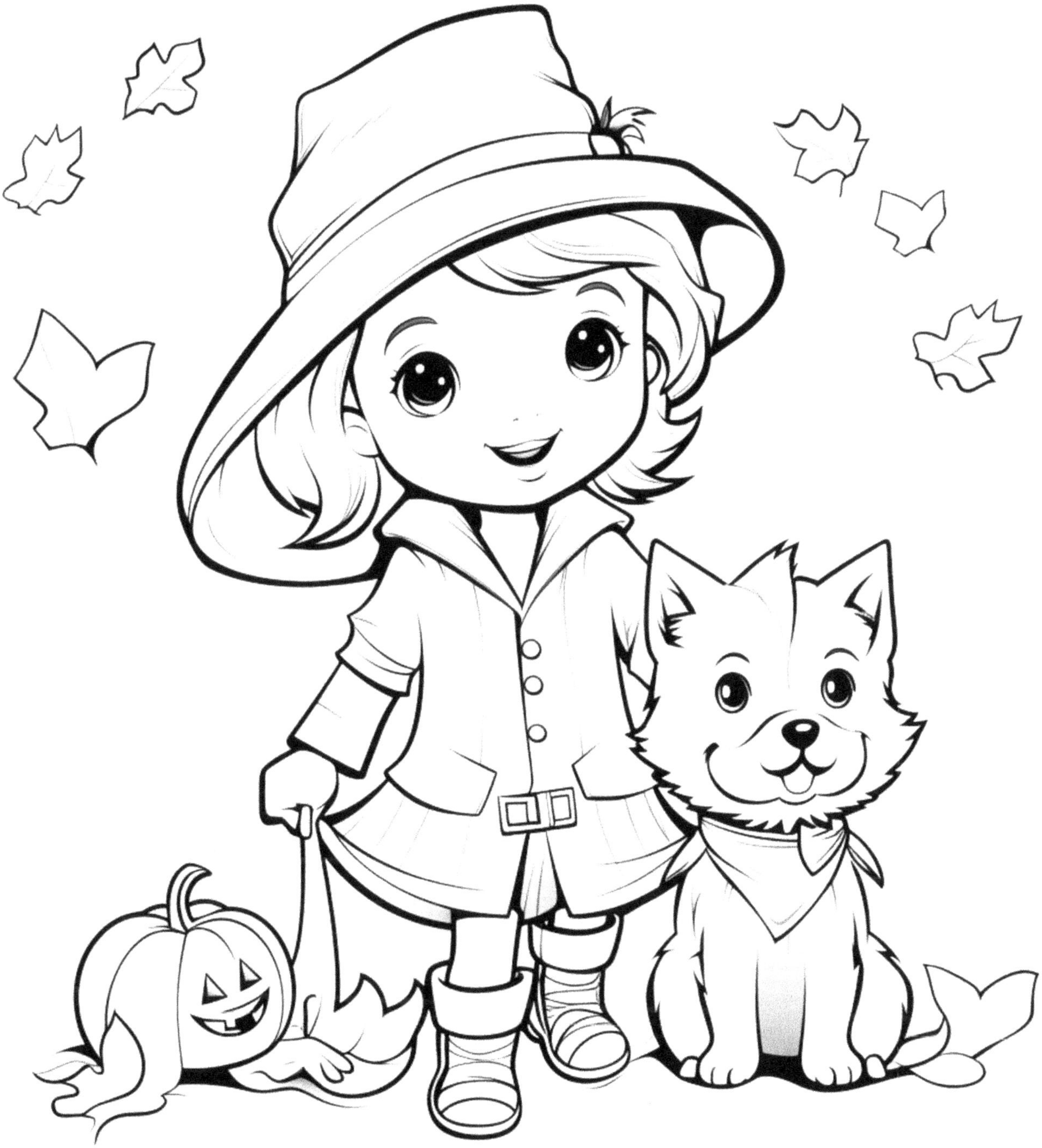

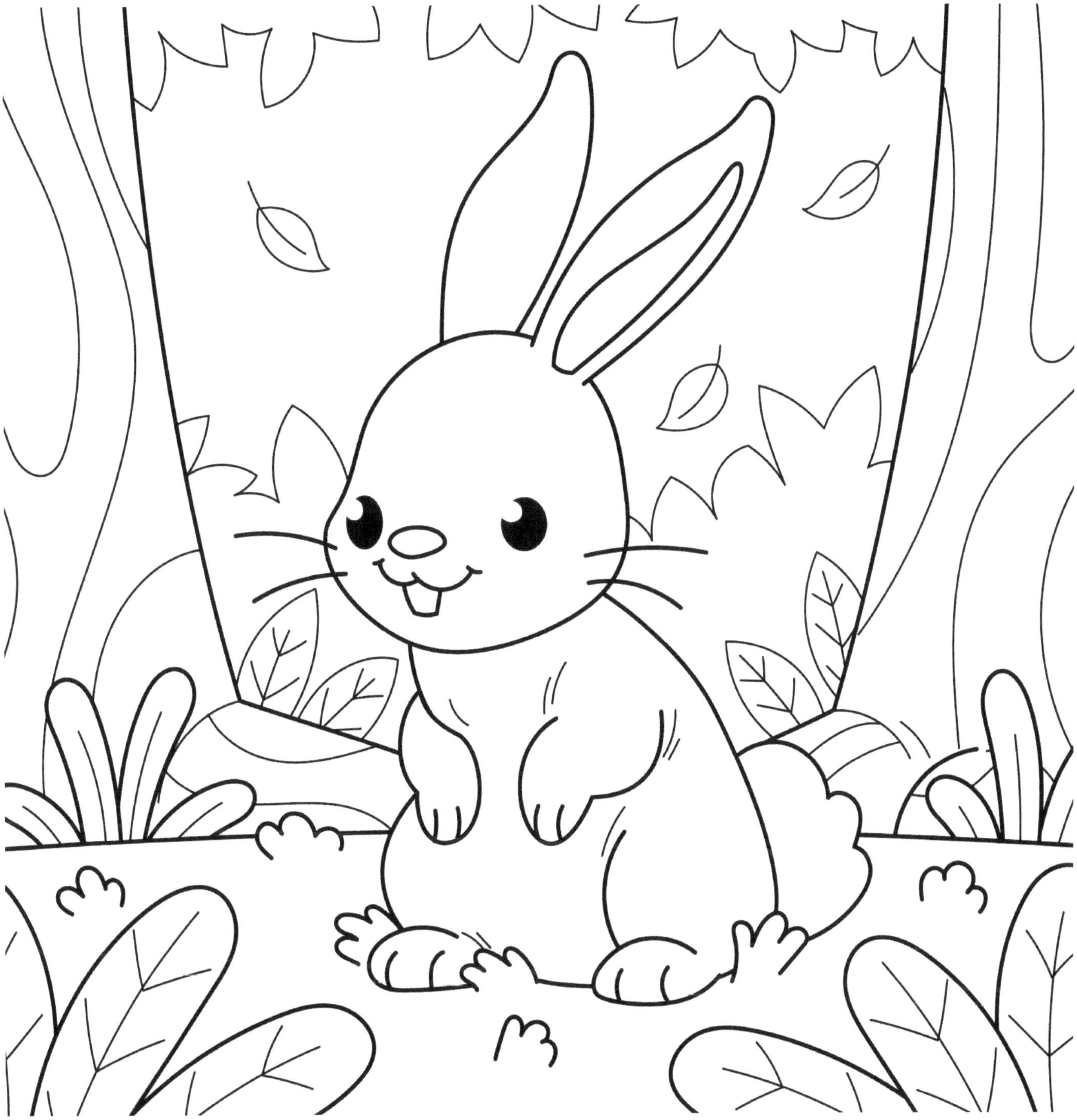

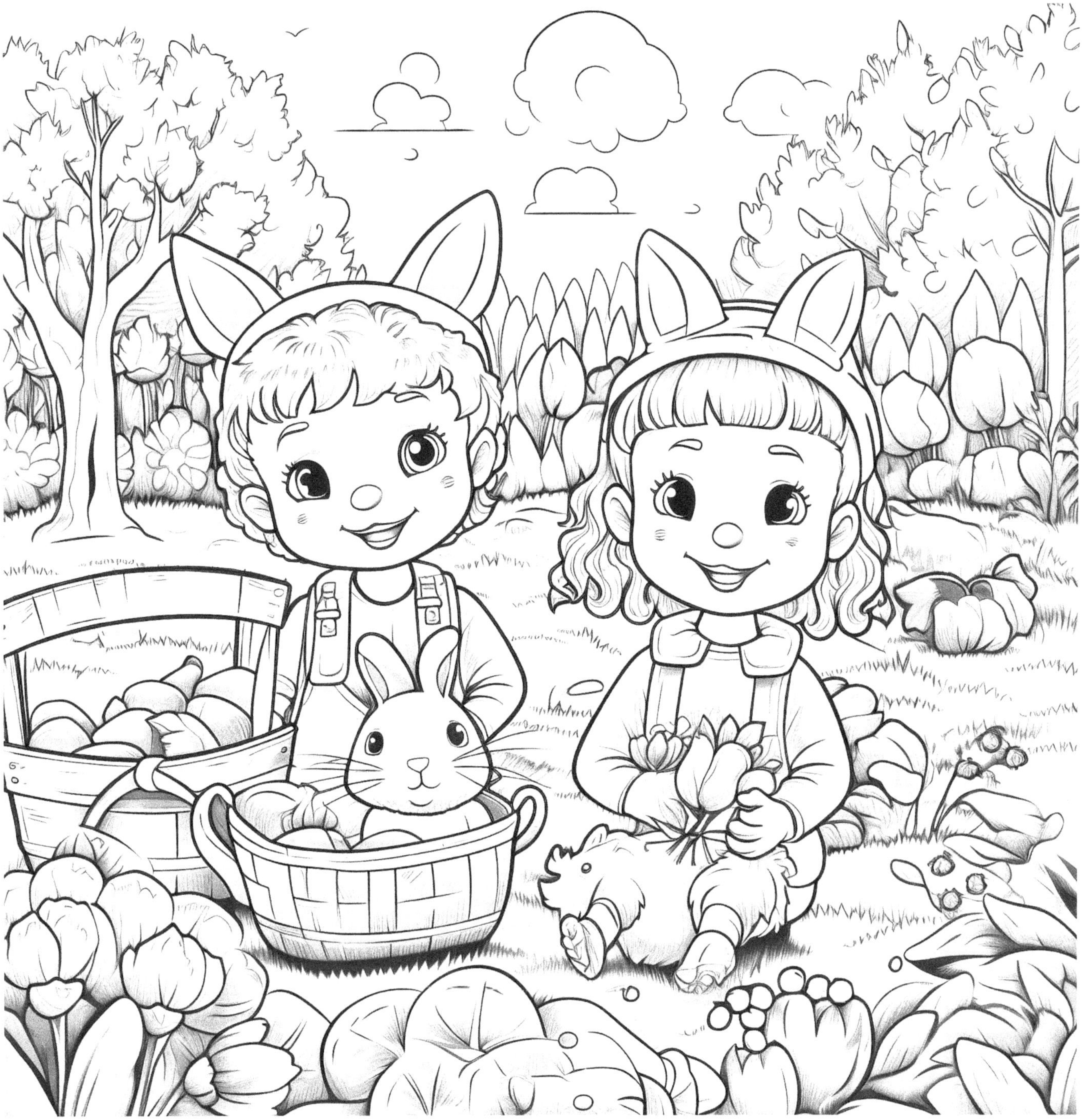

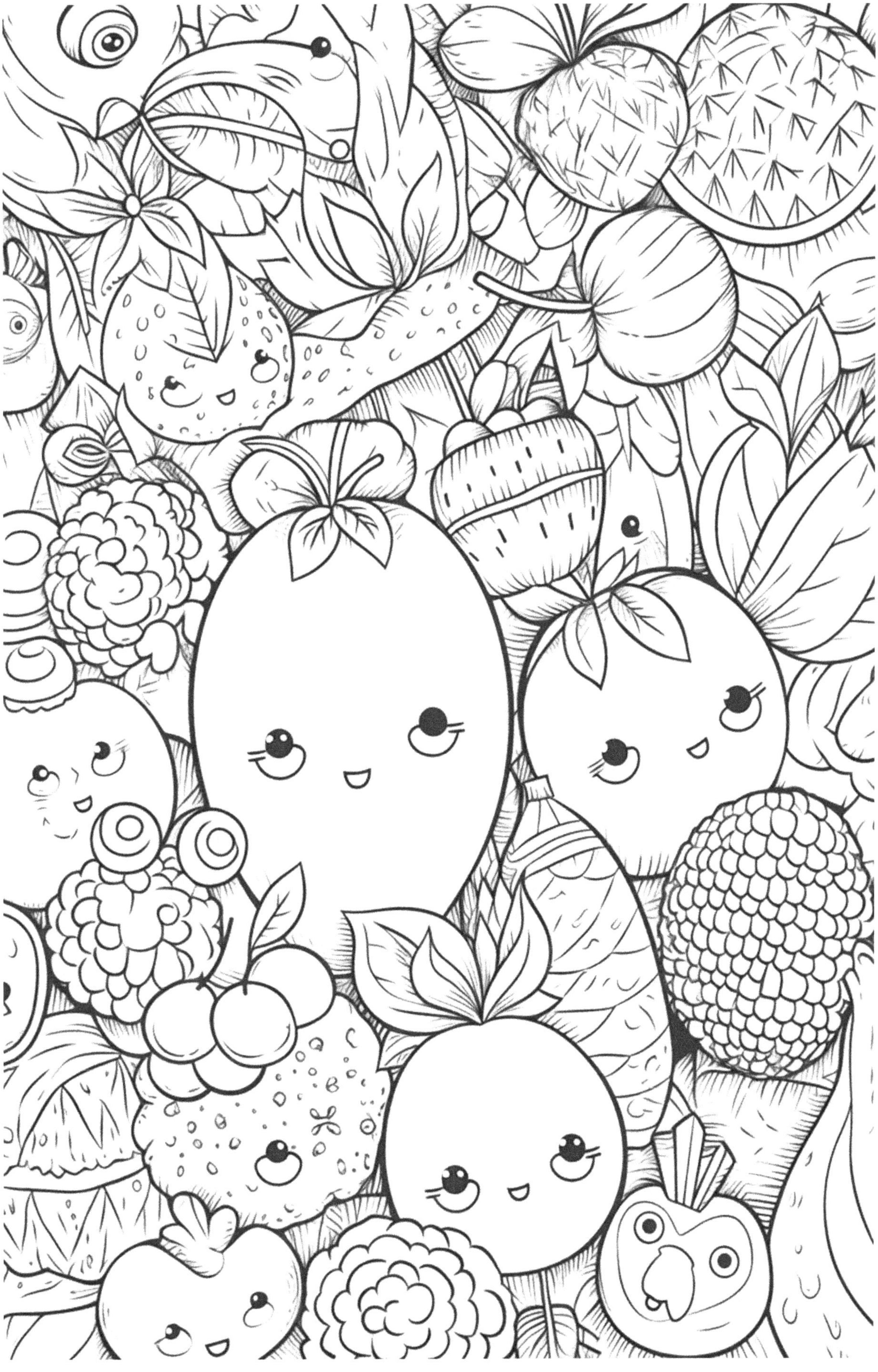

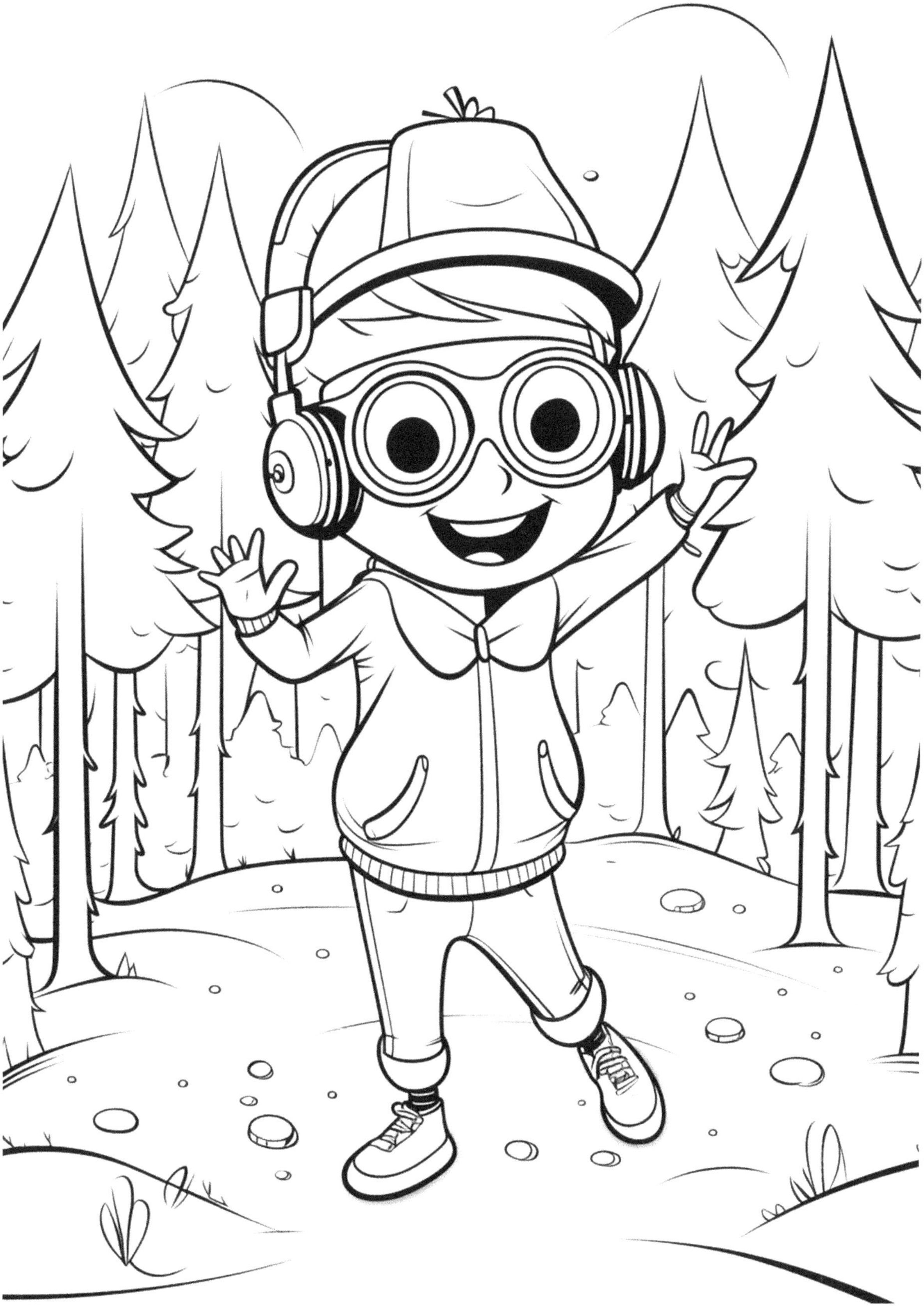

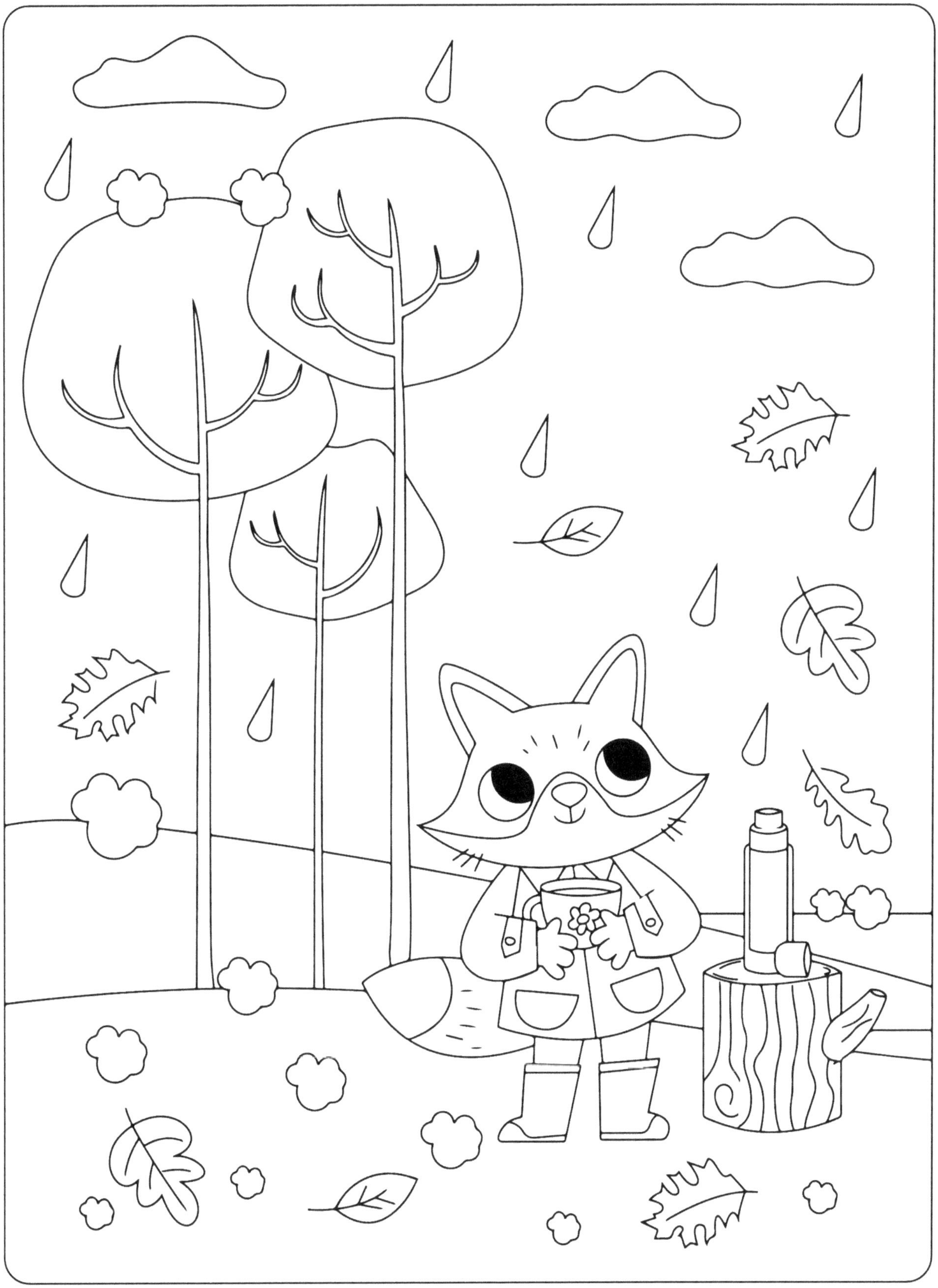

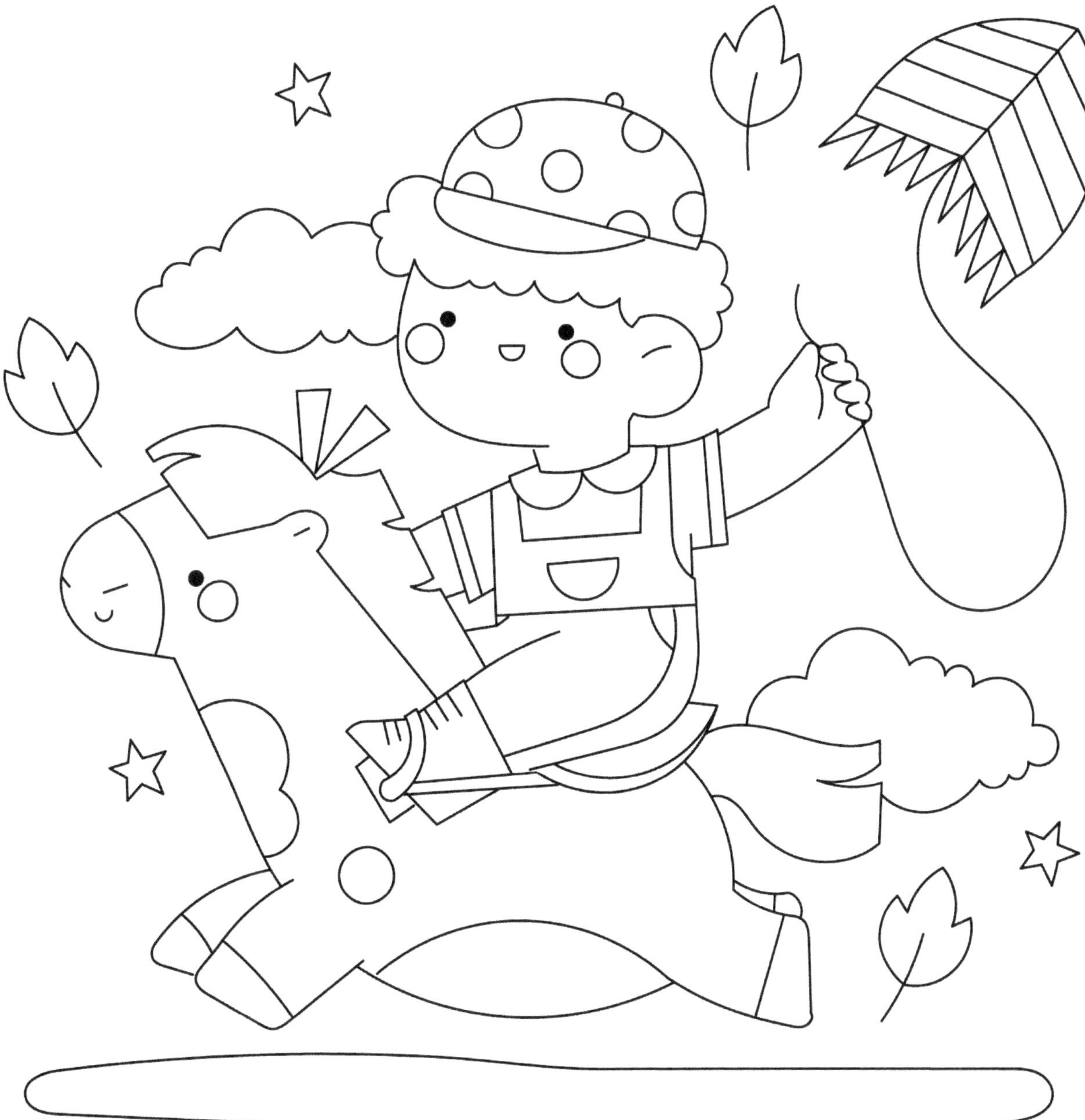

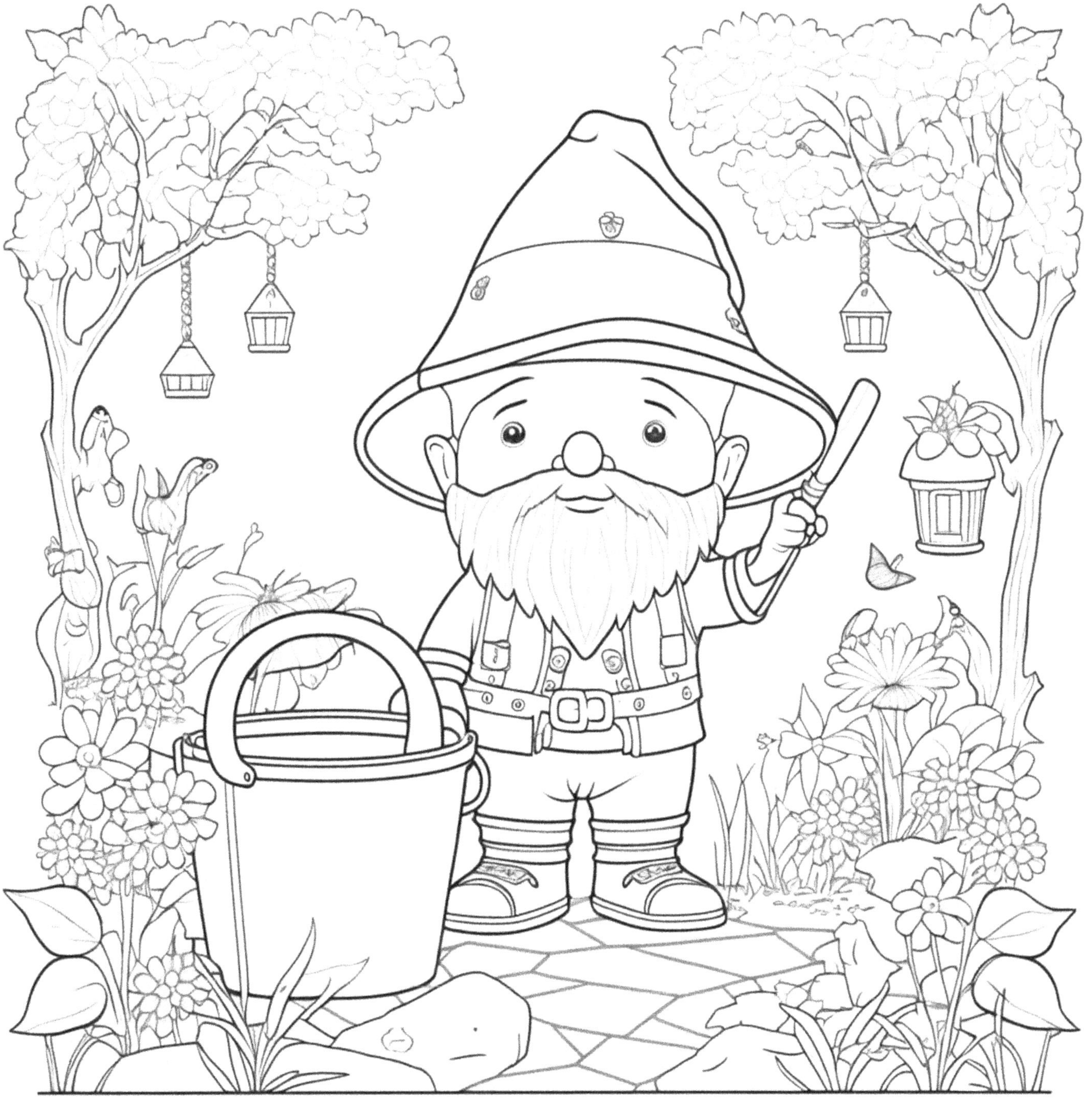

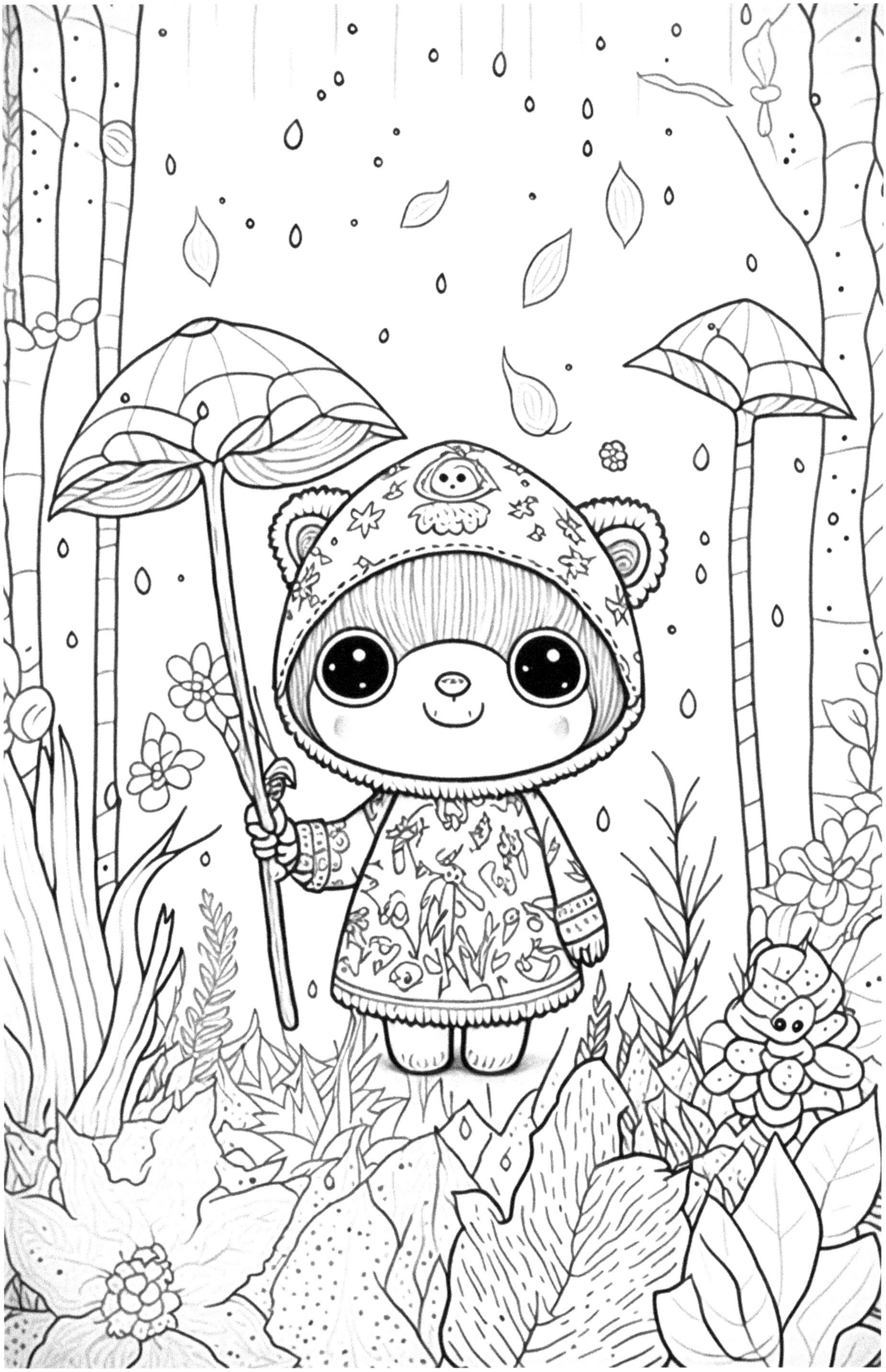

Milton Keynes UK
Ingram Content Group UK Ltd.
UKHW050940090224
437558UK00007B/398

9 798210 922502